Judith von Halle

Die Demenzerkrankung

Judith von Halle

Die Demenzerkrankung

Anthroposophische Gesichtspunkte

Mit einem Geleitwort
von Dr. med. Michaela Glöckler

Verlag für Anthroposophie

Zweite, erweiterte Auflage 2010

Diese Publikation entstand auf Initiative und mit Unterstützung
des Vereins Sonnengarten, Hombrechtikon/Schweiz

Der Verlag für Anthroposophie im Internet: www.v-f-a.ch

Einbandgestaltung von Gabriela de Carvalho

Satz: Höpcke, Hamburg
Herstellung: Freiburger Graphische Betriebe

ISBN 978-3-03769-017-8

Inhalt

Geleitwort 7
Vorbemerkung zur zweiten Auflage 9
Vorwort 11

Was ist der Mensch? 13
Die Entstehung von Erinnerungen
und ihr Ablegen im Gedächtnis 26
Vom Unterschied der «normalen»
Altersvergesslichkeit und der Demenz 38
Das trinitarische Wirken geistiger Kräfte
im Menschen und in der Welt 45
Von den geistigen Ursachen individueller und
menschheitlicher Krankheiten 55
Die Veränderung des «unsichtbaren» und
«sichtbaren» Menschen bei der Demenz 64
«Totes» und «lebendiges» Erinnern 69
Wohin geht der geistige Mensch bei der Demenz
und wie kann man ihm helfen? 75

Anmerkungen 86

Geleitwort

Anlass für die Frage an mich, dieser Schrift zum Krankheitsbild der Demenz ein Geleitwort voranzustellen, war die gemeinsame Einladung zum 25-jährigen Jubiläum des Altersheims Sonnengarten in Hombrechtikon/Schweiz. Ich war gespannt, vorab zu lesen, wie Judith von Halle sich als engagierte Anthroposophin und Nicht-Medizinerin diesem Thema zuwenden würde. Zudem ist der architektonische Blickwinkel, der ihr beruflich eigen ist, für dieses Krankheitsbild bedeutsam. – Ihre Ausführungen setzen zwar die Grundbegriffe der Anthroposophie voraus, es ist jedoch für jeden Interessierten eindrucksvoll zu verfolgen, wie hier unternommen wird, die Demenzerkrankung in einem größeren kulturgeschichtlichen Kontext zu sehen und als Aufruf zu betrachten, an einer Spiritualisierung des Denkens zu arbeiten.

Wer beruflich oder als Angehöriger mit diesem Krankheitsbild zu tun hat, kann aus ihrer Studie manches entnehmen, was ihn zur anthroposophischen Vertiefung anregt. Er wird aber auch berührt sein davon, wie die Verfasserin die Krankheit in Beziehung bringt zum lebendigen Christuswirken.

Dornach, 27. Oktober 2009 *Michaela Glöckler*

Vorbemerkung zur zweiten Auflage

Am 28. November 2009, kurz nach dem Erscheinen der ersten Auflage dieses Buches, fand anlässlich des fünfundzwanzigsten Jahrestages der Gründung des Altersheims Sonnengarten in Hombrechtikon (Schweiz) eine Tagung zum Thema «Demenz» statt. Von den Veranstaltern wurde ich gebeten, in diesem Rahmen die Kernpunkte meines Beitrages zur Demenzerkrankung vorzutragen. Da mein gerade erschienener Beitrag zu diesem Thema, und somit auch seine Kernpunkte, die ich dort vorzustellen hatte, fortgeschrittene Kenntnisse der Anthroposophie voraussetzten, jedoch ein Großteil des anwesenden Publikums – wie sich herausstellte – mit der Anthroposophie nicht oder nur marginal vertraut war, stand ich vor der Aufgabe, meine Inhalte so zu präsentieren, dass sie auch von diesen Menschen aufgenommen werden könnten. Nach dem Vortrag bekundeten nicht nur viele in der Anthroposophie unerfahrene Zuhörer ihren Dank und ihr Verständnis, sondern bemerkenswerterweise stellten auch viele der anwesenden Anthroposophen fest, dass der Vortrag leichter erschließbar gewesen sei als die Lektüre des Büchleins.

Da die erste Auflage bereits nach wenigen Wochen vergriffen war und eine Neuauflage notwendig wurde, ergriff ich kurzerhand die Gelegenheit, um auf die mir damals entgegengekommenen Kommentare einzugehen, indem ich den Inhalt der ersten Auflage in der nun hier vorliegenden im Aufbau etwas umgestaltet und durch eine Einführung in verschiedene anthroposophische Grundbegriffe sowie durch eine Reihe von demonstrativen Beispielen ergänzt habe.

Diejenigen Leser, die bereits die erste Auflage meines Buches erworben haben, mögen es mir nachsehen, dass nun eine erweiterte Version erschienen ist! Die in der ersten Auflage erschienenen Ausführungen sind nahezu unverändert auch in der zweiten Auflage enthalten. Ich hoffe aber, dass sich dieser Beitrag durch die Ergänzungen auch für diejenigen Menschen erschließen lässt, die zwar die anthroposophische Geisteswissenschaft nicht profund studiert haben, jedoch aus Interesse oder eigener Erfahrung mit der Krankheit im familiären Umkreis Zugang zu einem Verständnis der Ursachen und menschenkundlichen Umstände der Demenzerkrankung gewinnen möchten.

Dornach, 6. Januar 2010 *Judith von Halle*

Vorwort

Die hier vorliegende Studie entstand in der Folge einer Anfrage um einen architektonischen Entwurf für eine Betreuungseinrichtung für demenzerkrankte Menschen. Wer bereits mit einem durch die Demenzerkrankung Betroffenen Umgang hatte oder ihn gar gepflegt hat, weiß, dass ein solcher Mensch auf eine spezielle Einrichtung seiner Umgebung angewiesen ist, was sich aus seinem Krankheitsbild ergibt. Da die sowohl innerliche als auch räumliche Orientierungslosigkeit der Betroffenen ein fundamentales Problem darstellt, kommt es bei einem Architekturentwurf darauf an, die Bedürfnisse eines Erkrankten gut zu kennen. Eine solche Kenntnis mag bis zu einem gewissen Grade durch empirische Erhebungen zu gewinnen sein. Für mich stand aber fest, dass zunächst nach den Ursachen der Erkrankung geforscht werden muss, bevor von den wirklichen Bedürfnissen der Erkrankten überhaupt etwas gewusst werden kann.

Da die Ursachen der Demenz der gegenwärtigen Schulmedizin unbekannt sind, besteht Anlass zu hinterfragen, welche seelisch-geistigen Faktoren für den Ausbruch dieser Krankheit bislang unberücksichtigt geblieben sind. Das Menschenbild, welches heute von der wissenschaftlichen Welt vorrangig gezeichnet wird, zieht kaum in Betracht, dass zu der physisch-materiellen Hülle des Menschen, an der bestimmte degenerative oder pathologische Prozesse mit Hilfe technischer Apparaturen nachgewiesen werden können, noch andere Wesensglieder gezählt werden müssen, die mit derlei Apparaturen nicht erforscht werden können. Solange der Ursprung einer Krankheit nicht im Zusammenhang mit jenen geistigen Gliedern des Menschen gesucht wird, kann die erfolgreiche Behandlung eines Kranken nicht sichergestellt werden.

Zu dieser Behandlung zählt im weitesten Sinne auch die Einrichtung des Lebensraumes des Erkrankten. So bin ich der Ansicht, dass gerade aufgrund der Einschränkungen der Demenzerkrankten auf dem Gebiet der räumlichen Orientierung dem Architekten, der einen neuen Lebensraum für die Betroffenen plant, eine enorme Verantwortung obliegt. So ließ sich die Aufgabestellung eines Entwurfs für einen solchen Lebensraum überhaupt nur in Angriff nehmen unter der Voraussetzung einer vorherigen Auseinandersetzung mit den Ursachen der Demenzerkrankung aus der Perspektive der anthroposophischen Menschenkunde. Die Studie erhebt daher nicht den Anspruch einer medizinischen Fachexpertise, sondern sie stellt den Versuch einer Beschäftigung mit den seelisch-geistigen Bedingungen dar, unter denen ein Demenzerkrankter lebt.

Dornach, 24. September 2009 *Judith von Halle*

Die Demenzerkrankung

Was ist der Mensch?

Wer sich mit den Ursachen oder den Behandlungsmethoden der Demenzerkrankung erkenntnissuchend und forschend beschäftigen möchte, kann durchaus zu aufschlussreichen Ergebnissen gelangen, selbst wenn er über keine medizinische Fachausbildung verfügt. Man mag sich darüber verwundern oder dies anzweifeln, da gerade die Demenz zu denjenigen Erkrankungen gehört, die bislang als «unheilbar» gelten, und denen die Schulmedizin – oder auch die Medizin im Allgemeinen – bislang wenig entgegenzusetzen hat. Dieser vorliegende Beitrag soll aber zeigen, dass es geradezu *notwendig* ist, dass auch Nicht-Mediziner sich mit der Demenzerkrankung beschäftigen, da letztlich die Ausbreitung und der Verlauf der Erkrankung mit der Entwicklung unseres Bewusstseins über das menschliche Wesen an sich zusammenzuhängen scheinen.

Ein solches Bewusstsein von dem menschlichen Wesen, von seiner wahren inneren und äußeren Natur, kann sich der Mensch erarbeiten, wenn er dieses Menschenwesen – das ja sein *eigenes* Wesen ist – mit den Mitteln der anthroposophischen Geisteswissenschaft beginnt zu betrachten. Anthroposophische Geisteswissenschaft zu betreiben, ist für *jeden* Menschen möglich. Man braucht keine besondere Qualifikation dazu. Man ist dadurch qualifiziert, dass man Mensch ist. Denn es geht bei der anthroposophischen Geisteswissenschaft zunächst gar nicht darum, den Geist zu erforschen, sondern mittels des Geistes die Welt und den Menschen zu erforschen. Da das menschliche Wesen über diesen Geist verfügt, sind wir damit – ohne jedwede Fachausbildung – bestens ausgerüstet für eine anthroposophische Forschungsarbeit, solange wir den wirklichen Willen dazu aufbringen.

Gewiss kann man sich in der anthroposophischen Geisteswissenschaft zu höheren Erkenntnissen hocharbeiten, so wie es bei jeder wissenschaftlichen Tätigkeit der Fall ist. Die anthroposophische Geisteswissenschaft ist aber schon aus dem Grunde von jedermann zu betreiben, weil sie jedes erdenkliche Gebiet umfasst, für das sich ein Mensch nur interessieren könnte, und weil sie immer beginnt mit der von jedem – auch vom wissenschaftlich Ungeschulten – durchführbaren *Beobachtung*. Die präzise Beobachtung aller Dinge, Phänomene und Ereignisse ohne vorschnelles Urteilen über das, was man beobachtet, ist die Grundvoraussetzung einer jeden seriösen wissenschaftlichen Arbeit.

Jeder Mensch kann üben, die ihn umgebenden Dinge und Ereignisse zu beobachten, vom kleinsten, vermeintlich Vertrauten (wie die Beobachtung des

Wachstums- oder Verwesungsprozesses einer Blume) angefangen bis zu Phänomenen, mit denen er noch nie konfrontiert war (wie zum Beispiel den Erkrankungsverlauf eines Demenzpatienten). Beides, sowohl das scheinbar längst Vertraute wie auch das noch nie zuvor Gesehene, kann uns höchste Aufmerksamkeit abverlangen, denn wenn man einmal ohne das sonst übliche vorschnelle Bewerten oder Urteilen einen längst vertrauten Vorgang in Ruhe beobachtet, wird man dabei vieles entdecken, was einem vorher noch nie zum Bewusstsein gekommen ist; und schon gar wird es so sein bei einem uns gänzlich unbekannten Phänomen.

Bei einer solchen genauen Beobachtung, bei der man versucht, alles vorschnelle («Besser»-)Wissen um das, was man beobachtet, zurückzudrängen, werden uns mit einem Mal auch Zusammenhänge ersichtlich, die uns klarmachen, dass alle beobachteten Dinge und Ereignisse, die einer langsamen oder schnellen, jedoch stetigen Veränderung unterliegen, von zwar unsichtbaren, aber vorhandenen Wirkungen und Kräften durchzogen sein müssen. Wir kommen nach und nach zu der Gewissheit, dass es neben der uns vertrauten sichtbaren, *irdischen* Welt noch eine andere, unsichtbare *geistige* Welt geben muss, aus der heraus diese Wirkungen und Kräfte kommen – wie zum Beispiel den «Antrieb», der die Pflanze wachsen oder vergehen lässt, oder das zwar unsichtbare, aber unbestreitbar vorhandene und intensive, unvergleichliche Gefühl von Liebe oder auch Abscheu.

Man wird allein durch solche einfachen, aber ernsthaft durchgeführten Beobachtungsübungen dazu kommen, diese geistige Welt als omnipräsent zu erkennen, da sie es ist, die unsere stoffliche, unsere sichtbare Außenwelt durchzieht, und wir werden bemerken, dass all das, was wir mittels unserer Sinnesorgane von der äußeren Welt aufnehmen, von ihr belebt wird.

Die anthroposophische Geisteswissenschaft macht sich also zur Aufgabe, das Wesen der Welt und das Wesen des Menschen, so wie sie sind, nämlich in ihrer äußeren Natur und ihren inneren, geistigen Zusammenhängen nach zunächst zu beobachten und dann zu ergründen. Anthroposophische Geisteswissenschaft erforscht somit auch dieselben Dinge wie die Naturwissenschaften, nur nicht im «Reagenzglas», sondern durch ein verfeinertes, geistiges Wahrnehmen.

Für eine gründliche Erforschung der Zusammenhänge der äußeren Welt mit der geistigen Welt bedarf es allerdings auch anderer Wahrnehmungsorgane als nur der sinnlichen. Es führen aber schon einfache Übungen wie die genannte Beobachtungsübung, durch das, was sich in der Seele beim reinen Beobachten abspielt, zur allmählichen Ausbildung solch übersinnlicher Organe.[1] Dabei ist zu bemerken, dass die Heranbildung übersinnlicher Organe nach ebensolch klaren Gesetzmäßigkeiten vor sich geht wie die Heranbildung sinnlicher Organe. Aber auch die Ergebnisse und Aussagen, die sich aus der Benutzung übersinnlicher Organe ergeben, sind ebenso miteinander zu vergleichen wie unsere Ergebnisse und Aussagen, die wir nach Anwendung unserer sinnlichen Organe machen. So wie zwei vernünftige Menschen sich nicht darüber streiten werden, dass der Himmel in der Regel blau ist und nicht grün, so werden sich zwei Menschen mit übersinnlichen Organen auch nicht darüber streiten, dass es körperlose, also in der übersinnlichen Welt lebende Wesen gibt, zu denen auch das Menschenwesen zählt, wenn es gerade nicht verkörpert ist, also zwischen dem Tod und einer neuen Geburt in der geistigen Welt lebt.

Wenn man vom anthroposophischen Standpunkt aus den Menschen betrachtet, ergibt sich eine gewisse Diskrepanz zu den Auffassungen so mancher Naturwissenschaftler. Denn die anthroposophische Geisteswissenschaft betrachtet den Menschen als ein *geistiges* Wesen. Dieses geistige Wesen hat seine Heimat in der geistigen Welt und verbindet sich durch die Inkarnation, also erst im Mutterleib nach der Empfängnis, mit seiner physischen Leiblichkeit, die ihm als Werkzeug dient, um in der physisch-stofflichen Welt leben und diese bearbeiten zu können. Der Mensch ist also ein Teil dieser geistigen Welt, und er bleibt es auch, wenn er geboren wird. Man kann sagen, dass der irdische Mensch mindestens so viel geistiges Wesen ist wie stoffliches Wesen – ja, im Grunde steht das Verhältnis sogar drei zu eins. Denn wer das Menschenwesen geisteswissenschaftlich erforscht und beschreibt, wird feststellen, dass der Mensch aus *vier* verschiedenen Wesensgliedern besteht, von denen aber nur eines jener physisch-stoffliche Leib ist, den wir im Spiegel betrachten können.

Da ist also zunächst der uns allen bekannte stoffliche, der physische Leib, den wir erfühlen, betasten können. Er beinhaltet unsere Organe, die auch degenerieren können, wenn sich eine Erkrankung abzeichnet, und die einer manuellen, medizinischen Operation unterzogen werden können. Dieser stoffliche Leib hat für sich allein genommen die gleichen Eigenschaften wie das Mineralreich. Es handelt sich bei ihm um Materie, welche – wenn sie nicht noch von etwas ganz anderem durchzogen wäre – genauso starr und leblos wäre wie ein Stein. Der Mensch verfügt aber neben diesem physischen Leib über einen in der anthroposophischen Geisteswissenschaft sogenannten «Lebensleib» oder «ätherischen» Leib. Dieser, bereits für die sinnlichen Wahrnehmungsorgane unsichtbare, Leib arbeitet als geistige, belebende Kraft in die Organe des physischen Leibes hinein und macht sie erst funktionstüchtig. Diesen Lebensleib oder Ätherleib haben wir mit dem Pflanzenreich gemeinsam. Auch die Pflanze besitzt einen stofflichen Leib, Materie, die man betasten kann wie einen Stein, aber sie wächst und gedeiht und sie verwelkt wieder. In ihr wirken Kräfte, die von «ätherischer» Natur sind, die das tote Stoffliche beleben. Doch der Mensch hat neben seinem physischen und ätherischen Leib auch noch ein weiteres Wesensglied, nämlich das, was wir im Allgemeinen als «Seele» bezeichnen. Dieses Wesensglied, welches in der Terminologie der anthroposophischen Geisteswissenschaft der «Astralleib» genannt wird, durchwirkt vor allem das Nervensystem, es bringt die Empfindungen, die Gefühle hervor, die der Mensch in sich verspürt und von denen er sich manchmal allzu sehr leiten lässt. Mit diesem Wesensglied stehen wir auf der Stufe des Tierreiches. Das Tier besitzt gegenüber der Pflanze einen Astralleib als sein höchstes Wesensglied. Es hat Empfindungen, die es auch zu äußern vermag. Doch schließlich ist dem Menschen noch ein viertes Wesensglied eigen, das ihn über das Tierreich erhebt: Es ist das Ich.[2] Durch das Ich hat der Mensch ein klares Bewusstsein von sich selbst, er kann sich selbst und die Welt denkerisch erfassen. Man kann dieses Ich auch als den «Geist» bezeichnen. Um diesen Geist geht es auch, wenn wir uns mit der Demenzerkrankung auseinandersetzen, denn in dem Namen Demenz steckt das Wort Geist («mens») darinnen.

Physischer Leib	sichtbar
Ätherleib	unsichtbare, geistige Wesensglieder
Astralleib	
Ich	

Die Medizin ist gegenwärtig geradezu fieberhaft mit der Suche nach einer Behandlungsmöglichkeit der Demenzerkrankung und auch mit der Ursachenforschung beschäftigt. Zwar hat man kleinere Erfolge erzielt mit der Findung von Mitteln, die den Abbauprozess bei der Demenzerkrankung verlangsamen, aber tatsächlich hat man mit Hilfe der Schulmedizin und der herkömmlichen naturwissenschaftlichen Vorgehensweisen weder herausgefunden, was genau diese Erkrankung auslöst, noch womit sie behandelt werden kann. Man verfolgt die degenerativen Prozesse, doch selbst wenn man sie in ihren stofflichen Abläufen genau beschreiben kann, stellt sich doch immer noch die Frage nach dem Warum. Dies gilt übrigens für die meisten, vor allem für die unheilbaren Erkrankungen. Warum entartet eine Zelle, sodass die Krebserkrankung auftritt? Zwar gibt es Risikofaktoren, aber es sterben auch Menschen an der Krebserkrankung, obwohl sie keine dieser Risikofaktoren aufwiesen. Warum steckt sich ein Mensch bei einem Grippekranken an und ein anderer, der denselben intensiven Kontakt zu dem Erkrankten hatte, nicht? Warum kommt es an einem bestimmten Tag zur Befruchtung und an einem anderen nicht? Die «hartgesottenen» Naturwissenschaftler könnten antworten, dass dies von bestimmten stofflichen Vorbedingungen abhing. Aber wieder kann man dann die Frage stellen: Warum kommt es an dem Tag der Befruchtung zu eben solchen Vorbedingungen?

Man wird sich bei diesen Fragen nach dem Warum an eine typische Szene im Physikunterricht während der Schulzeit erinnert fühlen, wenn es darum ging, das Kreisen der Planeten um die Sonne mittels im Wasser schwimmender Körper, die durch einen Stock oder Löffel in Rotation versetzt werden, zu erklären. Sehr einleuchtend kann uns die Darstellung der Zentrifugalkraft erscheinen, doch wer – so mag es manchem, im besten Sinne naiven Schüler aufgestoßen sein – sorgt im planetarischen Umraum für den Anstoß? Wer rührt im Weltall herum? Wer hat da den Stock oder den Löffel in der Hand? So mancher Lehrer verweist dann auf den sogenannten Urknall, und so mancher Schüler wiederum schweigt daraufhin lieber, wenn sich in ihm die erneute Frage regt: Wer ist dann aber für den Urknall verantwortlich? So ist es nicht verwunderlich, dass die größten Naturwissenschaftler unserer Zeit, vor allem Physiker, letztlich zum Gottesbegriff vordringen. Dieser Gottesbegriff erschließt sich einem nur dann, wenn man das unsichtbare *Geistige* als Ursache sichtbarer, stofflicher Wirkungen erkennt.

Wer sich nun eine verfeinerte und damit zutreffendere Anschauung vom menschlichen Wesen verschafft hat, so wie die Geisteswissenschaft sie ermöglicht, dem wird schnell plausibel sein, dass man auch die geistigen Verhältnisse ins Auge fassen muss, um stoffliche Vorgänge bewerten zu können. Es zeigt sich, dass jene Wissenschaftler, die den Menschen als Produkt einer «zufallsbedingten Genlotterie»[3] verstehen und an die Stelle des Seelisch-Geistigen der menschlichen Natur eine durch den Zufall bedingte stoffliche Entartung setzen, an die Erfassung von Ursachen wie die der Demenzerkrankung kaum herankommen werden. Wenn die geistigen Glieder des Menschen außer Acht gelassen werden, wird an das Auffinden von Krankheitsursachen kaum zu denken sein, man bleibt dann bei der Behandlung von Symptomen; und dies stellt keine Heilung dar. Viele schulmedizinischen Methoden, die sich auf ein «verstümmeltes» Menschenbild gründen, wirken letztlich mit ihren Mitteln *unterdrückend*. Dieses Wort ist sehr zutreffend für den Vorgang, der sich dann im Menschen abspielt, wenn er mit solchen Mitteln behandelt wird. Denn tatsächlich wird das, was sich durch die Krankheit aussprechen will und muss, *unter*drückt, hinunter gedrückt. Das Wesen der Krankheit, die ja ihre Ursache, also auch ihren Grund und Zweck, im Geistigen hat, wird – statt behandelt zu werden – in tiefere Schichten des menschlichen Wesens hinabgedrückt, und das Schicksal oder Karma, das sich in dieser Krankheit erfüllen sollte, wird auf einen späteren Zeitpunkt, vielleicht sogar auf eine nächste Inkarnation hinausgeschoben. Natürlich wird eine solch unterdrückte Erkrankung bei nächster Gelegenheit sich noch weitaus heftiger ausprägen.

Die Anerkennung des Geistes im Menschenwesen und im Weltenwesen fällt unserer gegenwärtigen Kultur doch recht schwer. Wer über diese Dinge spricht, wird von den Weisen der Wissenschaft oft nur belächelt. Dabei gibt es ein einfaches, tagtäglich zu beobachtendes Beispiel dafür, dass und wie der Geist den Stoff belebt und dass der Stoff ohne den Geist niemals existieren kann: Es ist der Tod. An nichts anderem lässt sich die reale Wirksamkeit des Geistes so anschaulich ablesen. Täglich verlässt ein Mensch in unserer unmittelbaren Nähe seine physische Hülle. Wer einmal an einem Sterbebett gestanden hat, wird diesen großen Augenblick bezeugt haben: Der Mensch, den wir gekannt haben, verlässt seine leibliche Behausung. Da wird uns erst so recht deutlich, dass wir zuvor nicht den physischen Menschen geliebt haben, sondern dass sich das Physische dieses Menschen wirklich nur als irdische Erscheinungsform des eigentlichen Menschen ausgenommen hat; denn nun liegt das bloß Physische im Sterbebett, aber das ist nicht mehr der eigentliche Mensch. Der eigentliche Mensch, nämlich der *geistige*, ist an einen anderen Ort, in eine andere Welt übergetreten, an dem er keinen physischen Leib benötigt. Im Grunde sollte dies jeder Mensch nachvollziehen können: Ist das Geistige des Menschen anwesend im physischen Leib, durchzieht es ihn und durchwirkt es ihn, so kann das Physische umherspazieren. Zieht sich der geistige Mensch aus dem physischen Werkzeug heraus, so bleibt dieses unbenutzt, erstarrt liegen.

Eine ähnliche Beobachtung kann man an dem schlafenden Menschen machen. Im Schlaf verlassen der Geist und die Seele, also das Ich und der Astralleib, den physischen Leib und wandeln in der geistigen Welt. Doch es bleibt noch der Lebensleib mit der physischen Hülle verbunden, denn die organischen Funktionen werden während des Schlafens nicht be-

Traum: Physisches + Aether sind da, Astral. + Ich wandern

einträchtigt. Trotzdem kann der Mensch, wenn sich sein Geistiges in der geistigen Welt befindet, nicht herumgehen, sondern er liegt, wenn er schläft. Sobald der Geist am Morgen wieder in die physische Hülle eingezogen ist, kann der Mensch sich wieder aufrichten und seine Glieder durch den Raum lenken. Geht der Mensch durch die Pforte des Todes, so kehrt sein Geistiges nicht wieder zurück in die leibliche Hülle. Aber dennoch löst es sich nicht auf. Es wohnt in seiner eigentlichen, in seiner geistigen Heimat, bis es sich eines Tages wieder zur Inkarnation anschickt und einen neuen physischen Leib bezieht. Dieser Gedanke erschließt uns das Geheimnis des Christus-Impulses. «Ich bin die Auferstehung und das Leben», spricht der Christus zur Martha.[4] Christus ist das «ICH BIN», das einem jeden von uns gegeben ist. Dieses Ich, das vierte Wesensglied, ist jenes Geistige des Menschenwesens, von dem hier die Rede war, es ist unsere eigentliche Individualität, und diese eigentliche Individualität ist unverweslich, ist unsterblich. Das Ich ist somit die «Auferstehung», denn es überwindet den Tod, indem es sich aus dem verwesenden Stoffesleib heraushebt und unbeschadet in seine geistige Heimat eingeht, und damit ist es «das Leben» an sich.

Der Mensch ist also ein geistiges Wesen, das während seines Erdenaufenthaltes eine stoffliche Hülle bewohnt, die unter der Leitung höherer geistiger Wesenheiten aufgebaut wird.[5] Betrachtet man den Menschen als ein solches Wesen, als das, was er tatsächlich ist, nämlich ein Wesen aus vier verschiedenen Wesensgliedern, so wird es möglich, menschenkundliche Aussagen über dieses Wesen zu machen, auch wenn man kein Medizinstudium absolviert hat. Mittels der anthroposophischen Geisteswissenschaft zum Beispiel können Erkenntnisse über die leibliche Natur des Menschen gemacht werden, ohne ihn zu sezieren.

Anhand des Beispiels vom Schlafzustand kann man ersehen, dass die Wesensglieder des Menschen verschiedene Zustände durchmachen können, dass das ganze Menschenwesen ein «bewegliches» ist. Auch bei einer Erkrankung sind die verschiedenen Wesensglieder des Menschen in Bewegung; etwas nicht Alltägliches geht mit ihnen vor. Wenn wir das menschliche Wesen als von geistigen Wirkungen durchzogenes und durchkraftetes erkennen, dann hat man zum einen einen wirklich wissenschaftlichen Beitrag zur Menschenerkenntnis geleistet, zum anderen kann man verstehen, warum die Schulmedizin trotz all ihrer nicht in Frage zu stellenden Verdienste um das Wohl des Menschen an vielen Stellen nicht weiterkommt, viele Fragen nach den Ursachen von Erkrankungen nicht zu beantworten vermag. Wenn man aber an die tatsächlichen Ursachen von Erkrankungen herankäme, müsste es nicht in so vielen Fällen bei der Behandlung von Symptomen bleiben.

Da der Mensch ein *geistiges* Wesen mit einem physischen Leib ist, liegt es daher nahe, nach den Ursachen einer Erkrankung nicht im physischen Gefüge zu suchen, sondern die physischen Gebrechen als Ursache einer geistigen Wirkung zu erkennen und daher jene Wirkungen innerhalb der geistigen Glieder des Menschenwesens zu suchen.

Die Entstehung von Erinnerungen und ihr Ablegen im Gedächtnis

Will man also eine Behandlung der Demenzkrankheit anstreben, die an die Bearbeitung der Ursachen und nicht der Symptome geht, so sollte ein möglichst zutreffendes Bild von der unmittelbaren Beziehung zwischen dem physischen und geistigen Aufbau des Menschen gewonnen werden, und zwar zunächst so, wie er sich im Normalzustand zeigt.[6] Vergleicht man dann die Abweichungen vom Normalzustand, wie sie bei der Demenzerkrankung auftreten, kann man auch Hinweise auf ihre Ursachen finden.

Als eines der ersten Symptome des Phänomens der Demenzerkrankung macht sich ein Nachlassen des Erinnerungsvermögens bei dem Betroffenen bemerkbar. Was aber sind eigentlich Erinnerungen? Wie entstehen sie? Erinnerungen sind Vorstellungen, die wir in unser Gedächtnis einschreiben, welches im Ätherleib sitzt.

Man müsste Erinnerungen präziserweise eigentlich Erinnerungs*vorstellungen* nennen, da unsere Erinnerungen in der Regel nie das sind oder wiedergeben, was in Wirklichkeit geschehen ist. Ein Ereignis tritt ein, wir haben eine sinnliche Wahrnehmung von einem Vorgang, aber sogleich bilden wir Vorstellungen über diese Sinneswahrnehmung. Wir erinnern eigentlich nie die reine Sinneswahrnehmung, sondern nur unsere Vorstellungsgebilde von diesen Sinneswahrnehmungen. Diese Vorstellungen legen wir in unserem Gedächtnis ab, bis wir sie als Erinnerung wieder hervorholen. Dieses Hervorholen besorgt der Astralleib. Er greift bildhaft gesprochen in den Ätherleib hinab und holt die abgelegten Vorstellungen aus unserem Gedächtnis herauf ins Bewusstsein. Dass unsere Erinnerungen mit unserem Vorstellungsleben zu tun haben und somit nur mehr oder weniger präzise sind, erleben wir immer dann, wenn wir durch äußere Fakten korrigiert werden. Man erinnert sich beispielsweise an die Raumaufteilung eines Gebäudes, in dem man einmal gewesen ist. Wenn man wiederum das Gebäude betritt, stellt man möglicherweise fest, dass man sein Inneres anders in Erinnerung hatte. So geht es uns auch mit beweglichen, auch zeitlichen Abläufen unterworfenen Ereignissen oder mit dem Erinnern von menschlichen Gesichtern.

Nun gibt es allerdings zwei Arten von Erinnerungsvorstellungen: diejenigen an im Äußeren Geschehenes, also die Erinnerung von Vorstellungen, die wir uns über sinnliche Wahrnehmungen gemacht haben, und diejenigen, die ganz seelischer Natur sind und sich nicht an äußeren Sinneswahrnehmungen entzünden – Vorstellungen also, die man als abstrakte Ideen bezeichnen könnte.

Diese beiden Arten von Vorstellungen werden unterschiedlich schnell und an unterschiedlichen «Orten» unseres Gedächtnisses abgelegt. Diejenigen Vorstellungen, welche rein seelischen Ursprungs sind und nicht durch eine direkte Ich-Tätigkeit – wie es zum Beispiel während der Sinneswahrnehmung der Fall ist –, hervorgebracht werden, prägen sich in der Regel innerhalb kürzester Zeit in den Ätherleib als eine später wieder abrufbare Erinnerung ein. Vorstellungen über äußere Ereignisse benötigen hingegen wesentlich länger, um sich fest in den Ätherleib einzuschreiben. Dieser Vorgang des Einschreibens und seiner unterschiedlichen Geschwindigkeiten, je nach Art der Vorstellung, ist ein für die äußeren Sinne unsichtbar ablaufender und unbewusst sich vollziehender Prozess. Die unterschiedliche Dauer der Einschreibungen hängt damit zusammen, wie tief sich die gemachte Vorstellung in den Ätherleib eingräbt. Im Gegensatz zu den sehr schnell in den Ätherleib überführten Vorstellungen, die nicht unmittelbar an eine Sinneswahrnehmung geknüpft sind und die – bildhaft ausgedrückt – in «oberen» Schichten des Ätherleibes verbleiben, wurzeln die Erinnerungsvorstellungen an äußerlich Geschehenes in «tieferen»

Schichten des Ätherleibes.[7] Dort, in dem im Ätherleib verankerten Gedächtnis, lagern sich die Vorstellungen ab wie die Jahresringe eines Baumes im Stamm, sodass die Vorstellungen von vor langer Zeit erlebten Geschehnissen in der Regel mühsamer ins Bewusstsein heraufgeholt werden können als diejenigen, die sich der Mensch vor nicht allzu langer Zeit gebildet hat.

Je nachdem, ob sich nun Erinnerungsvorstellungen in den oberen Schichten des Ätherleibes, sozusagen in den äußeren Jahresringen des Baumstammes, ablagern oder in den inneren Schichten, kann man von Kurzzeit- und von Langzeitgedächtnis sprechen.

Erinnerungen an sinnliche Wahrnehmungen werden also zwar langsamer abgelegt, sie sacken dafür jedoch tiefer ins Gedächtnis, werden dort sicherer befestigt. Erinnerungen an Seelisch-Geistiges, an abstrakte Ideen, lagern sich schneller im Gedächtnis ab, dafür jedoch weniger tief. In diesem weniger tief liegenden Kurzzeitgedächtnis werden hauptsächlich Erinnerungsvorstellungen an Abstraktes, an Seelisch-Geistiges abgelegt, während im tiefer sitzenden Langzeitgedächtnis hauptsächlich Erinnerungen an konkret Geschehenes liegen. Das bedeutet, dass wir uns in der Regel an konkrete Ereignisse der Vergangenheit vielleicht zwar mühseliger, aber doch längerfristig erinnern können als an unsere vergangenen Vorstellungen über Abstraktes, über nicht mit der Außenwelt verknüpfte Gedanken.

So könnte der innere Aufbau des im Ätherleib befindlichen Gedächtnisses – wiederum imaginativ betrachtet – so vorgestellt werden, dass sich im inneren Kern des «Stammes» diejenigen Vorstellungen finden lassen, die vor langer Zeit an Sinneseindrücken entstanden; dann, darüber liegend, immer mehr solcher an Sinneseindrücken gewonnenen Vorstellungen; und wiederum über diesen gelegen oder mit ihnen abwechselnd, in den äußeren Schichten des «Stammes» – je nachdem, ob sie in der Kindheit, im frühen oder späteren Erwachsenenalter entstanden sind – diejenigen Vorstellungen, welche sich *nicht* an einer äußeren Sinneswahrnehmung entzündet haben.

Es handelt sich bei diesen Einschreibungen selbstverständlich um einen fortlaufenden Prozess, sodass natürlich auch Vorstellungen über in der äußeren Sinneswelt Geschehenes zunächst in der Region des Kurzzeitgedächtnisses gefunden werden können. Diese «sacken» jedoch mit der Zeit tiefer in den Ätherleib hinein.

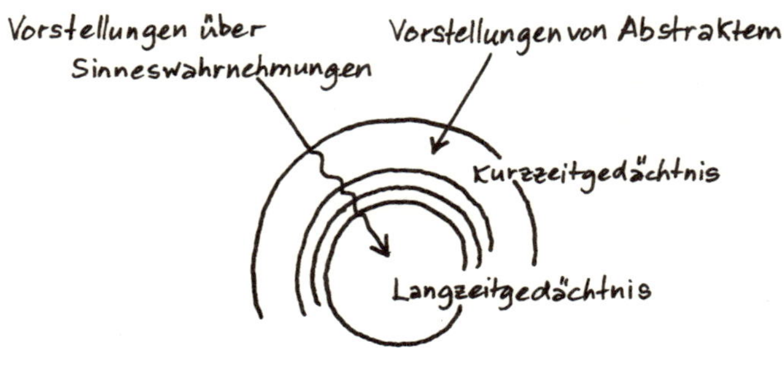

Es ist also von Bedeutung, die unterschiedlichen Wesensglieder und ihre Aufgaben und Tätigkeiten zu differenzieren, wenn wir die Entstehung einer Erinnerung nachvollziehen wollen. Das Ich-Bewusstsein ist geknüpft an die Sinneswahrnehmung der äußeren Welt. Das Vorstellungsleben aber ist an den Astralleib gebunden. Die meisten Ereignisse, die dem sogenannten Kurzzeitgedächtnis angehören, also der «oberen» Schicht des Ätherleibes eingeprägt sind, sind mit dem *nicht* durch äußere Ereignisse und Sinneswahrnehmungen verbundenen Vorstellungsleben verknüpft. Jedoch ist auch jede an einer sinnlichen Wahrnehmung entzündete Vorstellung, wie bereits erwähnt, zuerst im Zustand oder in der «Region» des Kurzzeitgedächtnisses befindlich, bevor es dem Langzeitgedächtnis eingeprägt wird – bildhaft gesprochen, bevor es in die «unteren» Schichten des Ätherleibes hinabsinkt und in den inneren Ringen des «Baumstammes» verschwindet, weil es von Neuem überlagert wird.

In dem Augenblick, da sich *«das Ich zum Spiegelapparat»* des Seelenlebens für die Erlebnisse und Eindrücke, die aus der äußeren Welt an den Menschen herandringen, *«gemacht hat»*[8] – dies geschieht in der Kindheit –, ist es überhaupt erst möglich, sich an irgendetwas zu erinnern. Doch die Qualität der Erinnerung je nach Vorstellungsart ist dabei stets unterschiedlich. So kann man selbst an sich beobachten, dass es nur sehr wenige Vorstellungen sind, die wir uns in unserer Kindheit gemacht haben von *nicht* auf die äußere Sinneswelt bezogenen Inhalten und die sich in unserem *Langzeitgedächtnis* abgelegt haben. Es sind meistens nur wenige, sehr eindrückliche Erinnerungen, was darauf zurückzuführen ist, dass in der Kindheit nur selten eine bewusste Ich-Tätigkeit in Bezug auf die Vorstellungen erfolgt, und wenn sie erfolgt, sich diese scharf unterscheidet von den Sinneseindrücken, denen sich das Kind sonst vornehmlich hingibt. Bei solchen im Langzeitgedächtnis eingeschriebenen sinnlichkeitsfreien Vorstellungen handelt es sich meistens um seelisch-geistige Erlebnisse, deren Bespiegeln und Erforschen die Kräfte der Bewusstseinsseele erforderlich machen.

Wenn sich das Ich die Vorstellungen, die ja mit der Tätigkeit des Astralleibes zusammenhängen, voll bewusst macht, dann ist dies mit dem Ablauf einer Meditation zu vergleichen, die dazu führt, dass sich auch *nicht* sinnlichkeitsgebundene Vorstellungen in das Langzeitgedächtnis des Ätherleibes einschreiben.[9]

Nicht bewusst gemachte Vorstellungen aus der Kindheit prägen sich dem Ätherleib auch ein, doch man kann nicht davon sprechen, dass sie, wie die anderen, dem Langzeitgedächtnis angehören, weil sie nicht erinnert, also nicht aus dem Langzeitgedächtnis abgerufen werden können. Diese rumoren dann im Ätherleib weiter und verursachen Störungen, die krankmachend sind für die Seele wie auch für den physischen Leib. Bei einer Schwächung des Ich, welche in der Regel bewirkt, dass die unteren Wesensglieder ungebremst und unkontrolliert offenbaren, womit sie während des Lebens angereichert wurden, können diese Störungen teilweise heftig zutage treten.[10]

Nun können natürlich nicht nur Vorstellungen über äußerlich Geschehenes, welches wir durch unsere Sinneswahrnehmungen aufgenommen haben, im Langzeitgedächtnis abgelegt werden. Es können auch Erinnerungen an abstrakte Ideen und Empfindungen, die sich nicht an sinnlichen Vorkommnissen entzündet haben, ins Langzeitgedächtnis aufgenommen werden. Dies kann zum Beispiel geschehen, wenn der Mensch eine Erinnerung an eine Vorstellung hat, die mit der geistigen Wirklichkeit übereinstimmt und nicht nur ein bloßes, von Rudolf Steiner auch «totes» Gedankengespinst genannt darstellt. Es kann aber auch geschehen, wenn er sich im Augenblick seiner Vorstellung der potentiellen Subjektivität derselben bewusst wird. So etwas kann – wie oben angedeutet – durch die Meditation erreicht werden, bei der man lernt, auf die eigenen Vorstellungen hinzusehen wie auf die Äußerungen eines Fremden. Dieses Hinsehen geschieht mit unseren geistigen Sinnen mit einer mindestens ebensolchen Präzision, wie wir sonst auf äußere Ereignisse mit unseren leiblichen Sinnen schauen. Der Mensch kann sich während der Meditation seine Vorstellungen zum Bewusstsein bringen, indem er mit seinem Ich gewissermaßen in den Astralleib hineinschaut. In der Meditation oder gepflegten Rückschau lässt sich daher die Eingliederung von Vorstellungen in das von Rudolf Steiner sogenannte Erinnerungstableau des Ätherleibes gezielt steuern.[11] (Das bewusste Gestalten des Ätherleibes durch geprüfte Sondierung von sinnlichkeitsfreien Vorstellungen, die noch mit dem astralischen Trieb- und Wunschleben verbunden sind, und Erinnerungsvorstellungen von sinnlichen Wahrnehmungen erzeugt den Aufbau des sogenannten Lebensgeistes – den durch das Ich vergeistigten Ätherleib.)

Man erreicht also die Verankerung von abstrakten Vorstellungen im Langzeitgedächtnis erfolgreicher und schneller, wenn man diese Vorstellungen mit seinem Ich durcharbeitet, das heißt, wenn man sich seine Vorstellungen klar zum Bewusstsein bringt. Man kann dies auch in einer allabendlichen Rückschau tun, in der man seinen Astralleib durch das Ich «säubert» von allerlei wertlosem Vorstellungsballast, den man während des Tages angehäuft hat. Diese Methode ist ein sehr gutes Mittel gegen den Verlust des Gedächtnisses, man kann auch sagen, es ist ein gutes Mittel dagegen, dass Vorstellungen nur im Kurzzeitgedächtnis abgelegt werden, denn das Kurzzeitgedächtnis zeichnet sich gerade dadurch aus, dass vieles, was in ihm abgelegt wird, nicht bis in die inneren Schichten des Langzeitgedächtnisses eindringt, sondern eben nur «kurz» im Gedächtnis bleibt und danach wieder verschwindet. Das Sortieren von Erinnerungsvorstellungen während der abendlichen Rückschau hilft dabei, Belangloses und Überflüssiges ins Kurzzeitgedächtnis zu verbannen, während Sinnvolles bewusst gepflegt und damit ins Langzeitgedächtnis überführt wird.

Ein Beispiel dafür, wie es sich mit der Erinnerung an abstrakte Vorstellungen verhält, kann uns wieder in den Schulunterricht zurückführen. Jeder hat wohl einmal vor der Entscheidung gestanden, ob er eine mathematische Formel einfach nur auswendig lernt oder sie nachzuvollziehen versucht. Wenn man sich einmal durch den spröden Stoff «hindurchgebissen» hat und sich die abstrakte Formel durch sein eigenes Denken, durch seine Bewusstseinskräfte zu eigen gemacht hat, wird man sie auch nach vielen Jahren noch anwenden können. Anders ist es, wenn man sich damals entschieden hat, nicht «für das Leben», wie es sprichwörtlich heißt, sondern nur für die Prüfung zu lernen. Man lernt etwas auswendig, legt es im Kurzzeitgedächtnis ab, was meistens auch tatsächlich nur so lange währt, bis die unvermeidbare Prüfung absolviert ist. Jahre später wird man sich womöglich nicht einmal mehr daran erinnern, dass man überhaupt mit einer solchen Formel jemals umgegangen ist. Das Bewusstmachen von abstrakten Vorstellungen ist daher ein recht zuverlässiges Mittel, um sich diese zu merken, also sie eines Tages wieder aus dem Gedächtnis hervorholen zu können.

Wer beizeiten durch eine meditative Rückschau das Anschauen und die Pflege seiner Erinnerungsvorstellungen betreibt, bearbeitet auf hygienische Weise seinen Astralleib, in welchem das Gefühlsleben wuchert, und seinen Ätherleib, in dem die Gewohnheiten verwurzelt sind.[12] Und selbst wenn er eines Tages, aus welchem Grund auch immer, einen Gedächtnisverlust erlitte, würde er von seinem hygienisch behandelten Ätherleib und Astralleib profitieren; er könnte unter Umständen sogar zu besonderen spirituellen Erlebnissen kommen, da er sich von *«mechanischem Denken»* frei gemacht hat.[13]

Der Niedergang des physischen Ausdrucks der Hauptesorganisation, wie er sich bei der fortgeschrittenen Demenz in den sich zersetzenden Gehirnzellen darstellt, ist eine durch bestimmte geistige Mächte krankhaft beschleunigte Entwicklung des menschlichen Allgemeinzustandes. Es ist eine Tatsache, dass sich das Menschenwesen seit seiner Erscheinung auf Erden immer fortentwickelt hat. Nie ist ein Stillstand dagewesen. Die menschliche Leibesnatur stand in der griechischen Epoche auf dem Höhepunkt ihrer Entwicklung. Davon zeugt das künstlerische Schönheitsideal der alten Griechen.

Aber mit dem Christus-Ereignis der Zeitenwende ist sowohl für die Erden- als auch für die Menschheitsevolution ein Wendepunkt eingetreten: Nicht nur die Erde selbst, auch die physisch-stoffliche Natur des

Menschen als Bestandteil des Erdenstoffes ist seitdem in einer nachweisbaren Degeneration begriffen. An die Stelle des sich allmählich abbauenden physischen Leibes muss daher etwas anderes treten, wenn der Mensch weiterhin die Erde bevölkern will. Doch bildet dieser Abbau der stofflichen Natur des Menschen erst die Möglichkeit, etwas anderes an seine Stelle zu setzen. Das, was an die Stelle der zerfallenen Stoffnatur treten muss, ist eine vergeistigte physische Leiblichkeit. Und wenn im Zuge dieses Abbaus auch das Gehirn als physisches Organ nach und nach degeneriert, so ist klar, dass auch der Denkprozess sukzessive umgebildet werden muss. Das intellektualistische Gehirndenken, welches irgendwann nicht mehr möglich sein wird, weil das Organ verkümmert, müsste durch einen spiritualisierten Denkprozess ersetzt werden. Dies wird jedoch nur mit einem starken, sich spirituellen Impulsen hingebenden Ich möglich werden, zum Beispiel durch eine spirituelle – nicht bloß intellektualistische – Denkschulung.

Dass immer mehr Menschen, gerade der westlichen Kultur, im Zerfall ihrer Stoffnatur stecken bleiben, liegt daran, dass sie die Lücken, die dieser physische Niedergang in ihrem Wesensgefüge hinterlässt, nicht durch ein solches spirituelles Denken füllen. Das bedeutet, der Niedergang der Stoffnatur – wie zum Beispiel das Absterben von Gehirnzellen – wäre nicht unbedingt problematisch, solange der Mensch beizeiten etwas ausgebildet hat, das sich an dessen Stelle zu setzen vermag. Dies war auch der ganze Zweck des Mysteriums von Golgatha, dass sich der Mensch einst in einen Zustand hineinzubringen vermag, der demjenigen des Auferstandenen am Ostermorgen gleichkommt, nämlich durch seine Ich-Kräfte einen unverweslichen physischen, jedoch nicht mehr mineralisch physischen, sondern vergeistigt physischen Leib aufzubauen.

Vom Unterschied der «normalen» Altersvergesslichkeit und der Demenz

Bei der Demenz ist zunächst der Verlust des Kurzzeitgedächtnisses zu bemerken. Das bedeutet, es liegt im Ätherleib ein Übergewicht mit abgelegten, nicht vom Ich bearbeiteten Vorstellungen beziehungsweise Erinnerungsvorstellungen vor.

Mit anderen Worten, beim Schwinden des Kurzzeitgedächtnisses ist es gar nicht der Fall, dass in ihm keine Erinnerungen mehr vorhanden sind. Im Gegenteil: Wenn man einen Menschen beim Abbau seines Kurzzeitgedächtnisses einmal mit geistigen Augen betrachtet, ihn sozusagen «aurisch» wahrnimmt, wird man bemerken, dass der Kurzzeitgedächtnisverlust in demjenigen Augenblick entsteht, da der Mensch viel zu viele Erinnerungen in ihm angehäuft hat. Man könnte sich ein Bild machen von einem fragilen Topf, in den man immer mehr und mehr Masse an Körnern, Steinen oder dergleichen hineinfüllt, bis dieser randvoll ist. Kippt man nun weiter in ihn hinein, wird entweder das Neue sogleich wieder über den Rand hinauslaufen, also gar nicht in ihn aufgenommen werden, oder – wenn man mit Gewalt versucht, das Neue in ihn hineinzustopfen – er wird sogar bersten und alles, was sonst bereits in ihm befindlich war, wird mit auslaufen und verloren gehen.

Wenn sich dies einzustellen beginnt, kann versucht werden, das Übergewicht an Kurzzeiterinnerungen dadurch auszugleichen, dass therapeutisch die alten Vorstellungen ins Bewusstsein heraufgeholt, also erinnert und dann bewusst bearbeitet werden – in einer Art Rückschau. Es ist faszinierend zu beobachten, dass der Mensch, der in seinem Unterbewusstsein genialisch ist, da in seinem höheren Wesen auch höhere geistige Kräfte wirken, sich intuitiv selbst therapiert: Sobald der Mensch eine Vergesslichkeitszunahme im Bereich des Kurzzeitgedächtnisses erlebt, beginnt er wie von selbst, alte Erinnerungen aus dem Langzeitgedächtnis hervorzuholen, um zu dem Übergewicht an unübersichtlich gewordenen Kurzzeiterinnerungen oder zum mittlerweile fast gänzlich entleerten Kurzzeitgedächtnis einen Ausgleich zu schaffen. Er beginnt verstärkt von seinen alten Erinnerungen zu erzählen.

Dies ist allerdings zunächst ein *ganz normaler* Vorgang. Viele Menschen, die heute im vorgeschrittenen Alter unter einem gewissen Schwund des Kurzzeitgedächtnisses leiden und bemerken oder darauf aufmerksam gemacht werden, dass sie häufiger von Kindheitserinnerungen sprechen, befürchten, an Demenz erkrankt zu sein. Auch die Angehörigen sind oft durch Hörensagen über schwere Verläufe von Demenz, die mit einem solchen Symptom begannen, alarmiert und geraten nicht selten in Panik. Selbst Ärzten fällt es sichtlich schwer, eine wirkliche Demenzerkrankung im Frühstadium von einer *«normalen» Altersvergesslichkeit* zu unterscheiden. Viele ältere Menschen leben derzeit in Angst und Sorge, selbst betroffen sein zu können, und kommen nicht zur Ruhe.

Dabei sind das Schwinden des Kurzzeitgedächtnisses und das verstärkte Heraufholen von Erinnerungen aus dem Langzeitgedächtnis im Alter Prozesse, die sich durch das Anschauen der menschlichen Natur, wie man es durch die anthroposophische Methode herstellen kann, als normale und sozusagen gesunde Abläufe des älter werdenden Menschen herausstellen. Dies kann menschenkundlich leicht erklärt werden:

Eine «normale» Altersvergesslichkeit ist in der Regel ein Zeichen dafür, dass – parallel zum stetig fortschreitenden Zerfall des physischen Leibes – sich der Ätherleib allmählich auszuweiten beginnt, was grundsätzlich, also auch gegen Ende eines mit spirituellen Inhalten angereicherten Lebens geschieht. Ab dem zweiundsiebzigsten Lebensjahr kann dies allmählich beginnen einzutreten.[14] Der Mensch hat dann meistens die großen Impulse in seinem Leben durchlaufen und verwirklicht. Neue Eindrücke werden nicht mehr wie vor Abschluss dieses Zeitraumes aufgenommen und verarbeitet, sondern der Mensch beginnt sich auf den Schwellenübergang vorzubereiten und damit auch auf die Rückschau des von ihm während des Erdenlebens Getanen, Empfundenen und Gedachten. Tatsächlich würde die Aufnahme ständig neuer Eindrücke diesen Prozess der Vorbereitung des Schwellenübergangs und der Rückschau auf sein Leben behindern.

Die Erfahrung zeigt, dass sich ältere Menschen diejenigen Dinge und Ereignisse, die gegenwärtig gerade wirklich von Wichtigkeit für sie sind, sehr wohl merken können. Nur trennen sie – wie ganz selbstverständlich – Wichtigeres von weniger Wichtigem, welches sie schnell wieder vergessen, was allerdings in den meisten Fällen auch nicht wirklich abträglich ist. Dieser Vorgang führt zu der bewundernswerten Gelassenheit älterer Menschen; vieles von dem, was die Jüngeren wie sprunghaft aufnehmen und was für sie gerade ungeheuer dringend scheint und worüber sie sich schnell erregen können, ist für einen älteren Menschen von eher geringer Bedeutung. Er empfindet diese Sprunghaftigkeit der Jüngeren oft als «Sturm im Wasserglas», und nicht selten liegt er damit auch ganz richtig. Es ist vielleicht sogar ein Quäntchen an «Altersweisheit» auf diesen natürlichen Lebensrhythmus der Menschennatur zurückzuführen, welcher dafür sorgt, dass im Alter die vielen neuen, tagtäglich in uns hereinströmenden Eindrücke zurückgedrängt und auf das Wesentliche reduziert werden, während gleichzeitig beim Rückblick und Aufarbeiten alter Erinnerungen Schlüsse und Lehren gezogen werden, die ein junger Mensch noch gar nicht ziehen kann.

Was geschieht nun aber beim Heraufholen von Erinnerungen aus dem Langzeitgedächtnis? Mit dem Heraufbringen alter, im Ätherleib abgelegter Eindrücke, die einst das Leben eines Menschen gestalteten und prägten, *weitet* der Mensch seinen Ätherleib *aus* – ein Prozess, der mit dem Tode, also mit der endgültigen Trennung des Ätherleibes vom physischen Leib abgeschlossen wird. Dieser Ausdehnungsprozess des Ätherleibes wird aber begleitet von einem charakteristischen Phänomen, welches sich bei einem «gesunden» Altern oder bei normaler Altersvergesslichkeit einstellt: Der Ätherleib wird, während er sich stetig ausdehnt, «dünner». (Da die meisten Wörter unserer Sprache die um uns liegende äußere Natur, die irdische Materie beschreiben, ist es nicht leicht, für diesen Vorgang den richtigen Begriff zu finden. Man könnte auch davon sprechen, dass der Ätherleib «feingeistiger» wird.) Jeder, der ein wenig sensibler wahrnimmt, wird feststellen, dass der Ätherleib eines älteren Menschen zarter wird.

Wenn Menschen in jungen Jahren vergesslich sind, liegt diesem Phänomen derselbe Vorgang zugrunde, nämlich eine Ausdehnung des Ätherleibes. Allerdings sollte dieser Vorgang nicht schon in jungen Jahren stattfinden. Aber auch in einem solchen Fall müsste man davon sprechen, dass sich der Ätherleib «verdünnt»[15]. Bei einer Vergesslichkeit in jungen Jahren würde man allerdings eher konstatieren, dass die Vergesslichkeit auf einer *Schwächung* des Ätherleibes beruht. Dies ist einem Einfluss zuzuschreiben, den die anthroposophische Terminologie als «luziferisch» bezeichnet, weil er die sinnesgebundene Wahrnehmung beziehungsweise das Einschreiben von Vorstellungen über diese Wahrnehmung in die tieferen Glieder des Menschen zu verhindern sucht.

Die Demenzerkrankung ist ebenfalls durch eine Vergrößerung des Ätherleibes gekennzeichnet. Es besteht jedoch ein erheblicher Unterschied zur normalen Altersvergesslichkeit, die unter anderem dem langsamen *Loslösen* des Ätherleibes zuzuschreiben ist. (Ebenso besteht ein Unterschied zu der jugendlichen Schwächung des Ätherleibes bei Vergesslichkeit.) Es tritt bei der Demenzerkrankung nämlich geradezu das Gegenteil ein: Der sich ausdehnende Ätherleib *verhärtet* durch dasjenige, was er an nicht bearbeiteten Einschreibungen in sich trägt. Es ist zu beobachten, dass sich dabei das Ich, das höchste Wesensglied, welches oben auch als der «Geist» bezeichnet wurde, immer mehr aus dem Wesensgliedergefüge zurückzieht. Durch diesen Rückzug des Ich, das die eigentliche Erkrankung erst in Gang setzt oder ausmacht, können die hervorgeholten Langzeiterinnerungen nicht mehr kräftig durchgearbeitet werden. Stattdessen drängen sie zwar herauf, bevölkern aber unbearbeitet das ohnehin schon übervolle Kurzzeitgedächtnis, bis sich durch die enorme Anhäufung von heraufdrängenden und vom Ich unbearbeiteten Erinnerungsvorstellungen eine ätherische Verhärtung einstellt. Diese Verhärtungen können sogar bis ins Physische hineingehen.[16] Der Ätherleib bläht sich auf bei gleichzeitiger «Verdichtung» statt Verdünnung. Das bewirkt, dass er sich schlecht vom physischen Leib lösen kann, wenn der Tod naht. Der Mensch hat dann die größte Mühe, rasch und harmonisch zu sterben.

Bei der Demenz treffen also zwei Faktoren aufeinander. Zum einen liegt ein allmählicher Verlust des Kurzzeitgedächtnisses vor. Es kommt zum autodidaktischen Versuch, alte Erinnerungen beziehungsweise Vorstellungen bewusst zu machen, um so das Übergewicht unbearbeiteter Vorstellungserinnerungen zu reduzieren, damit wieder neue Wahrnehmungen und Vorstellungen dem Ätherleib eingegliedert werden können. Wenn dies aber unter der partiellen oder gänzlichen Abwesenheit des Ich erfolgt, geschieht dieser Vorgang vollkommen unbewusst.

Der Mensch bleibt dann (bis zu einem späteren vollständigen Verlust seiner Erinnerungsfähigkeiten) dabei stehen, mehr und mehr ausschließlich lang Zurückliegendes zu erinnern. Er beginnt aber – anstatt die Erinnerungen an alte Vorstellungen und Ereignisse bewusst durchzuarbeiten – so stark in Vorstellungen und Erinnerungen von Vergangenem zu leben, dass die alltäglichen Aufgaben nicht mehr erfüllt werden können, dass neue Wahrnehmungen und Vorstellungen verdrängt und schließlich auch das Wesentliche des gegenwärtigen Alltags gar nicht mehr aufgenommen werden kann. Der Ätherleib wird nicht mehr belebt durch bewusste Verarbeitung und Eingliederung neuer Eindrücke, sodass er verhärtet und in dieser Verhärtung ein enormes Übergewicht gegenüber den höheren Wesensgliedern, dem Astralleib und dem sich ohnehin zurückziehenden Ich, annimmt. Dieser Prozess steht unter der Wirksamkeit sogenannter «ahrimanischer» Wesenheiten.

Das trinitarische Wirken geistiger Kräfte im Menschen und in der Welt

An dieser Stelle soll ein kurzer Einschub über ein Thema erfolgen, das dem mit der Anthroposophie Vertrauten selbstverständlich sein dürfte, jedoch in weiten Teilen unserer gegenwärtigen Kulturentwicklung kaum Beachtung findet. Es geht dabei um das Wirken von geistigen Wesenheiten, von realen Entitäten, die allerdings anders wahrgenommen werden müssen als mit dem bloßen sinnlichen Auge, die aber ein jeder Mensch, wenn er sich nur ein wenig besinnt, selbst wahrnehmen kann, und zwar sowohl in einem anderen Menschen wie auch in sich selbst. Der Hinweis auf diese oben bereits namentlich erwähnten Wesenheiten ist in dem vorliegenden Zusammenhang notwendig, da er mit der Ursache der Demenzerkrankung unmittelbar zu tun hat, auch wenn die Existenz jener Wesenheiten heute in der Regel schlichtweg geleugnet wird.

Wenn wir die Existenz und die Kraft unseres Ich, unseres höchsten Wesensgliedes, anerkennen, dann kann einem natürlich die Frage kommen: Gibt es auch geistige Kräfte, die den Impulsen des Ich entgegenstehen? Und diese Frage wird derjenige, der sich selbst einmal von einem erhobenen Standpunkt aus eine Weile ruhig beobachtet oder eine abendliche Rückschau gemacht hat, mit «ja» beantworten können. Es gibt durchaus geistige Kräfte, die die Wirksamkeit und Tätigkeit des Ich bekämpfen und sich an seiner statt im Menscheninnern Geltung verschaffen wollen. Bei einem solchen Selbstbeobachtungsvorgang kommt es darauf an, dass man sich von der wenig Heil bringenden Idee verabschiedet, die Welt in Gut und Böse, in Himmel und Hölle, also in eine *Dualität* einzuteilen. Der heutige Mensch hat genügend Bewusstseinskräfte ausgebildet, um in sich selbst und anderen Menschen die Wirkungen *zweier* geistiger Wesenheiten wahrzunehmen, die dem Christus-Impuls, also unserer

Ich-Tätigkeit entgegenstehen. Wie man diese beiden Wesenheiten nennt, ist im Grunde unerheblich. Hier sollen diejenigen Begriffe verwendet werden, die seit Jahrhunderten in der Esoterik bekannt und gebräuchlich sind: «Luzifer» und «Ahriman».

Es könnte vieles über diese beiden widerstreitenden Mächte ausgeführt werden, doch hier soll eine knappe Charakterisierung genügen. Das Charakteristische des *luziferischen* Wesens ist die Tendenz, das Geistige des Menschen aus dem Irdischen, aus dem Stofflichen herausreißen zu wollen. Es ist das Bestreben der luziferischen Mächte, den Menschen seiner irdischen Behausung zu entfremden, ihm sein Erdenwerk und -leben abspenstig zu machen. Das Seelisch-Geistige des Menschen soll nicht verbunden werden oder bleiben mit dem inkarnierten Erdenmenschen, mit der leiblichen Behausung, die schließlich ein Werkzeug für den geistigen Menschen darstellt. Wenn das Seelisch-Geistige des Menschen sich dieses Werkzeugs nicht bedienen kann, dann strebt es fort von der Erde und kann sich seiner eigentlichen Aufgabe, die es während einer Inkarnation erfüllen will, dem Erdenwerk, der Erdentwicklung nicht mehr zur Verfügung stellen. Die sichtbare Folge eines luziferischen Einflusses im menschlichen Seelenleben ist nicht nur die Eigenliebe und die Weltfremdheit, das Aufgehen in «religiösen» Phantasmen beziehungsweise im religiösen Fanatismus oder das Liebäugeln mit dem «Nirwana»; das luziferische Wirken spiegelt sich ebenso in dem heute wohlbekannten Sich-Ergehen in abstrakten Gedanken und intellektuellen Höhenflügen. Da das Luziferische eher in Sphären beheimatet ist, in denen wir den «Himmel» vermuten, wird es fatalerweise häufig mit den guten göttlichen Wesen, mit dem «Himmel» selbst verwechselt, und indem der Mensch, der gewohnt ist, in einer Dualität von «Himmel» und «Hölle» zu denken, bemüht ist, von der Hölle, namentlich von Ahriman, wegzustreben, gerät er geradewegs in die Fänge Luzifers, wenn er nicht erkennt, dass nicht Christus, sondern Luzifer dem ahrimanischen Wesen gegenübersteht; wenn er nicht erkennt, dass das Weltenwesen und das menschliche Wesen statt von einer Dualität in Wahrheit von einer *Trinität* geprägt ist.

Die zweite, dem Ich widerstrebende Geistesmacht ist das *ahrimanische* Wesen. Es steht den Impulsen des luziferischen Wesens als unmittelbarer Gegensatz gegenüber. Es versucht, das Geistige des Menschenwesens dem Stoff zu unterwerfen. Das Seelisch-Geistige soll sich so weit den Gesetzen der Erde, dem Materiellen unterordnen, bis es sich selbst verleugnet. Der ahrimanische Einfluss in der menschlichen Seele macht sich in der materiellen Besitzgier bemerkbar, aber auch in dem Zweifel an der geistigen Wirklichkeit. In unserer Gegenwart ist das ahrimanische Wirken sogar so weit vorgedrungen, dass es uns unser Geistiges abspricht und behauptet, der Mensch sei nichts als das Ergebnis der «zufallsbedingten Genlotterie». Damit wäre der Mensch für keine seiner Taten verantwortlich; denn wenn er nicht über ein Ich verfügt, sondern all sein Denken, Fühlen und Handeln durch die Materie, die Gene, bestimmt wird, so kann er auch unmöglich zur Verantwortung für etwaige unmoralische Handlungen gezogen werden. Aufgrund dieser wissenschaftlichen Theorien ist bereits eine entsprechende Änderung der Rechtsprechung erwogen worden. Ahriman – selbst ein *geistiges* Wesen – hat es zustande gebracht, den Menschen vorzugaukeln, dass es gar keine geistigen Wesenheiten gibt und somit auch ihn selbst nicht – die hervorragendste Grundlage für eine ungestörte Wirkensmöglichkeit. Wer die Realität einer ahrimanischen Wesenheit heute vertritt, wird von denen belächelt, die Ahriman das Feld bereiten dadurch, dass sie behaupten, es gäbe ihn nicht. Diese Menschen, die sich über derlei Gedanken erhaben fühlen, sind ideale Werkzeuge jener ahrimanischen Macht.

Bemerkenswert ist, dass die Menschheit seit jeher um die Existenz geistiger Mächte gewusst hat und dass erst im letzten Jahrhundert eine Abkehr von diesen bis dahin selbstverständlichen Tatsachen erfolgte; eine Abkehr, die so radikal ist, dass man sich heute nicht einmal mehr durch die Geistesgeschichte der Menschheit, die eine andere Sprache spricht, verunsichern lässt und sich stattdessen auf dem Gipfel der Aufklärung wähnt. Dabei ist es im Grunde recht einfach und bedarf keines Schriftstudiums, sondern höchstens ein wenig guten Willens zur Vernunft, diese divergenten Kräfte durch empirische Beobachtung in und an sich selbst nachzuweisen. Jeder Mensch kann an sich selbst erfahren, wie die polaren Kräfte Luzifers und Ahrimans an ihm zerren und reißen, ihn innerlich mit sich selbst und der Welt zerstritten machen. Der Mensch verliert schnell seine Mitte, seine innere Ausgewogenheit, wenn er nicht versucht, diese Kräfte in sich zum Ausgleich zu bringen. Die Mittelkraft, die ihm den Ausgleich ermöglicht, ist die des Christus-Impulses, diejenige seines Ich. Die Christus-Kraft des Ich steht als eine ausgleichende Kraft zwischen den polaren, widerstreitenden Mächten, die sich vor allem der unteren Glieder, des Astralleibes und des Ätherleibes, bemächtigen wollen. So lebt der Mensch in einem trinitarischen Zusammenhang. Ohne diese Trinität zu erkennen, ist er ständig der Gefahr ausgesetzt, zwischen der Dualität Luzifer und Ahriman hin- und hergerissen zu werden und zum eigentlichen Göttlichen nicht zu finden.

Verfolgt man die Einflüsse Luzifers und Ahrimans von einem gesamtheitlichen Blickpunkt, der sich auf die Kulturgeschichte unserer Menschheit bezieht, so wird man diese Einflüsse in unterschiedlichen Territorien und Kulturen unserer Erde in unterschiedlicher Gewichtung vorfinden. Es ist offensichtlich, dass sich eine höhere Gewichtung luziferischer Einflüsse in den östlichen Kulturen – wie Indien, ganz Asien

– zeigt, während auf der anderen Seite des Ozeans, in den amerikanischen Ländern, eher der ahrimanische Einfluss ausgeprägt ist. (Damit sind jene Impulse gemeint, die die östlichen und westlichen Regionen aus *sich* heraus hervorbringen.) Es sollte an dieser Stelle allerdings nicht vergessen werden, dass durch diese Einflüsse große Fortschritte in die Welt gekommen sind, die von unverzichtbarer Bedeutung für unsere menschliche Entwicklung sind. (So ist beispielsweise die Anwendung technischer Errungenschaften der westlichen Welt nicht per se ahrimanisch. Es kommt nur darauf an, diese Errungenschaften dem heilsamen Entwicklungsverlauf der Menschheit zur Verfügung zu stellen, und zwar so, dass das Ich, unser höchstes Wesensglied, jederzeit Herr der Sache bleibt. Es wäre ja Augenwischerei zu glauben, sich derlei Einflüssen, die unser tägliches Leben ganz und gar prägen, dadurch entziehen zu können, dass man Fernsehen, Internet oder Mobiltelefon strikt meidet. Selbst wenn man auf das Auto verzichtet, wird man irgendwann nicht darum herumkommen, in eine Bahn zu steigen, oder man wird die Heizung oder das elektrische Licht einschalten, einen Kühlschrank und eine Waschmaschine benutzen. Ebenso werden die allermeisten Menschen tagtäglich Lebensmittel genießen, die – selbst wenn sie ein «Bio»-Etikett tragen – ohne die technischen Errungenschaften einer westlichen Kultur niemals auf unseren Tellern gelandet wären – ob es sich dabei um einen Traktor, eine Melkmaschine oder den logistischen

Verwaltungsaufwand bis hin zu den Transporten vom Hersteller zum Händler handelt. Wer mit dieser Haltung den Einflüssen Ahrimans zu entfliehen versucht, ist auf dem sicheren Wege in eine Welt, über die Luzifer herrscht.

Umgekehrt sollte man die «Segnungen» der östlichen Welt nicht minder schätzen. Wer nicht mehr in der Lage ist, sich still in sich selbst zu versenken, der seelischen und geistigen Welt Beachtung und Anerkennung zu schenken und sich nicht dafür zu schämen, dann und wann ein ehrliches religiöses – nicht konfessionelles – Empfinden in sich zuzulassen und zu pflegen, wird sich auf Dauer dem Einfluss der ahrimanischen Mächte nicht entreißen können.)

Erst dann, wenn zu den jeweils – sowohl kulturell wie territorial – verschiedenen Einflüssen keine ausgleichenden Kräfte hinzutreten, die das jeweilige Prinzip durch das andere ergänzen und ihm damit das Übergewicht nehmen, erst wenn diese Kräfte nicht hinzutreten, kommt es zu einer Polarisierung der Kulturen.

Rudolf Steiner machte darauf aufmerksam, dass der Mensch der westlichen Welt heute im Gegensatz zur orientalischen Kultur früherer Zeiten Wahrnehmungen und Vorstellungen nicht mittels der sogenannten oberen Sinne, sondern hauptsächlich mittels der unteren der zwölf Sinne macht. Das Erfassen der Welt mittels der unteren Sinne (Geruchssinn, Geschmackssinn, Gleichgewichtssinn, Bewegungssinn, Lebenssinn und

Tastsinn) ist eine Eigenart der westlichen Kultur geworden, die sich vor allem mit dem analytisch wissenschaftlichen Begreifen der Welt, mit dem Stoffaspekt befasst und weniger mit dem Geistaspekt.[17] Demnach offenbart sich eine Fehlentwicklung der westlichen Kultur durch die überwiegende Anwendung der unteren Sinne, nämlich im Materialismus; dies ist eine ahrimanische Wirksamkeit. Die Entartung der östlichen Welterfassung durch die überwiegende Anwendung der oberen Sinne offenbart sich in der Weltfremdheit, im Aufgehen der Vorstellungen von der Befreiung vom Stoff; dies ist eine luziferische Wirksamkeit.

Beiden Tendenzen also – wenn sie für sich allein stehen – fehlt die vermittelnde Kraft des Christus-Impulses. Die heilende Zusammenführung beider Tendenzen ist das Geheimnis des Christus-Mysteriums, durch welches der Geist mit dem Stoff verbunden wurde (das sonst nach oben strebende luziferische Prinzip verbindet sich mit den Erdentiefen) und der Stoff mit dem Geist (das sonst nach unten strebende ahrimanische Prinzip verbindet sich mit den Himmelshöhen).

Blickt man nun wieder auf die Kulturlandschaft unserer Erde hin, so wird man feststellen, dass sich *Europa* nicht nur territorial in der Mitte zwischen den beiden zuvor beschriebenen Erdregionen befindet, sondern Europa käme gegenwärtig auch kulturgeschichtlich die vermittelnde Ausgleichskraft des Christus-Impulses zu, die das Ersprießlichste der östlichen und das Ersprießlichste der westlichen Welt miteinander verbinden sollte. Den Christus-Impuls vor der übrigen Welt zu vertreten und ihn in sie ausströmen zu lassen, wäre die Aufgabe vor allem Mitteleuropas.

Doch hat Europa diese Aufgabe ergriffen? Tendiert Europa nicht vielmehr zu einem der dualen Kulturimpulse? Wir werden kaum bestreiten können, dass sich die spirituelle Eigenständigkeit Europas, welche zu jener verbindenden Kraft werden könnte und sollte, mehr und mehr auflöst. Stattdessen tendiert es eindeutig zu den westlichen, zu den amerikanischen Kulturimpulsen. Und damit tendieren wir zum ahrimanischen, nicht zum luziferischen Impuls.

Diese, vom eigentlichen Ziel Europas abweichende Tendenz hat nun direkte Auswirkungen auf die Gesundheit der Menschen in Europa und natürlich auch innerhalb der übrigen, vor allem westlichen Welt. Die Krankheiten, mit denen der westliche Mensch heute zunehmend zu kämpfen hat und die *nicht* karmischer (wenigstens *nicht individuell* karmischer) Natur sind, hängen unmittelbar mit der Erkrankung des sozialen Organismus zusammen, also mit den nicht erreichten spirituellen und christlich-moralischen Zielen seines gegenwärtigen Kulturkreises. Dazu trägt nicht zuletzt die überwiegende Anwendung der unteren Sinne bei.[18]

Von den geistigen Ursachen individueller und menschheitlicher Krankheiten

Im Allgemeinen können wir den Ausbruch einer bestimmten Krankheit in einem Menschen als den Ausdruck einer karmischen Ursache verstehen. Aus der Geisteswissenschaft heraus kann man wissen, dass die Disposition zur Ausbildung einer Krankheit die Folge eines gewissen Verhaltens, von Taten in einem vorigen Leben darstellt. Dabei darf die Tatsache nicht außer Acht gelassen werden, dass eine Krankheit ja gerade nicht von den Widersachermächten geschickt wird. Wir selbst sind letztlich die Verursacher, aber die *guten göttlichen* Geister sind es, welche unsere karmischen Vergehen eines vorherigen Lebens in eine besondere «Aufgabe» im gegenwärtigen Leben verwandeln, um uns die Chance zu geben, an dieser Aufgabe zu wachsen. Die individuelle Krankheit eines Menschen – sei es eine Grippe oder eine Herzerkrankung – wird durch seine moralische Biographie während der vorangegangenen Inkarnation verursacht; sogenannte Risikofaktoren, die der Erkrankung tatsächlich vorausgegangen sein mögen, stellen in Wirklichkeit lediglich die Werkzeuge, die «Helfer» dar, um die karmische Erkrankung in diesem Leben zum Durchbruch zu bringen, damit sich in der Seele ein heilsamer Ausgleich vollziehen kann.[19] So ist eine individuelle, schicksalshafte Erkrankung immer auch eine Liebetat der guten Geister, und wohl jeder Mensch wird bereits erfahren haben, dass ihn eine Erkrankung in einer gewissen Weise reifen ließ, dass sie ihm auf einem gänzlich anderen Gebiet, als es das physische ist, zu einer Art Chance geworden ist. Bei einer individuellen Krankheit ist also immer der karmische Hintergrund eines Menschen im Spiel, und man kann sich vorstellen, dass eine erfolgreiche Behandlung im Grunde an das geschulte und zutreffende Erfassen der Gesamtwesenheit des Patienten und dessen karmischer Biographie durch den behandelnden Arzt geknüpft ist. Die anthroposophische Medizin versucht dieser Erfassung des Menschenwesens gerecht zu werden. Doch wird eine solche Behandlung flächendeckend kaum zu leisten sein, solange das spirituelle Menschenbild in der westlichen und europäischen Kultur negiert wird. Eine ganze Kultur müsste den Willen entwickeln, sich in dieser Hinsicht zu schulen.

Es gibt allerdings auch Krankheiten, die aus dem individuellen Schicksal des Einzelnen *nicht* ohne weiteres erklärbar sind. Dabei handelt es sich zum Beispiel um Epidemien – Krankheiten, die ganze Menschengruppen oder gar Völker betreffen und unter Umständen Tausende oder Millionen Menschen dahinraffen. Wenn man also die *individuelle* Krankheit des *Einzelnen* als karmisch bedingte Notwendigkeit versteht, dann muss die *gleiche* Krankheit *vieler* aus einer *gemeinsamen* karmischen Notwendigkeit resultieren. Es handelt sich dann bei einer solchen Erkrankung nicht um ein Einzelschicksal, sondern um ein Volks- oder gar Menschheitsschicksal, denn tatsächlich existiert auch ein Menschheitskarma, das abgetragen werden muss. (Aus diesem Grunde muss der Betroffene von einer Epidemie nicht unbedingt für ihren Ausbruch unmittelbar verantwortlich sein. Als Betroffener hilft er, ein Opfer zu bringen, um das betreffende Menschheitskarma abzutragen. Ähnliches gilt im Übrigen auch für Naturkatastrophen, bei denen oft Menschen, die karmisch miteinander gar nicht verbunden waren, ein gleiches Schicksal, den gleichen Tod erleiden.)

Rudolf Steiner wies darauf hin, dass Seuchen auf ein zurückliegendes Unrecht der Völker zurückgehen. Sie seien *«etwas Unvollkommenes, das von innen nach außen gerückt ist»*.[20] Das Unrecht, welches die westlichen und europäischen Völker während der letzten Generationen auf sich geladen haben, ist, das materialistische Welterfassen *über* den Wendepunkt des neunzehnten Jahrhunderts zum zwanzigsten Jahrhundert hinaus weiter betrieben zu haben, anstatt ihr Welterfassen zu spiritualisieren, welches die menschheitsgeschichtliche Aufgabe nach dem Ende des neunzehnten Jahrhunderts dargestellt hätte.

Eine Epidemie oder Seuche kann allerdings auch andere Wesensglieder als den physischen Leib erfassen und muss daher nicht ausschließlich durch Bakterien oder Viren übertragen werden, sondern sie kann durch eine bestimmte Seelenentwicklung, deren Ergebnis bis in die *«äußere Anatomie und Physiologie»* hineinreicht, übertragen werden.

In diesem Sinne – und wenn man Rudolf Steiners Bemerkungen über Seuchen als zurückliegendes Unrecht der Völker ernst nimmt – kann auch eine Krankheit wie die Demenz als eine Art Seuche bezeichnet werden. Dass die westliche Welt und Wissenschaft die Demenz nicht als Seuche betrachtet, ist eine Folge ihrer zumeist auf die physische Gesundheit zielenden Medizin, die im Grunde eine ebenso materialistische Wissenschaft geworden ist wie viele andere. Denn dass der Mensch krank wird, weil er dazu «genetisch veranlagt» ist, kann nur dann mit Berechtigung gesagt werden, wenn man berücksichtigt, dass eine genetisch bedingte Anomalie das Ergebnis einer karmischen Ursache darstellt, also eines seelisch-geistigen Vorganges – womit die genetische Disposition wiederum «nur» das Werkzeug zum Ausbruch der Krankheit darstellen würde. Dies kann sich auf Einzelschicksale ebenso beziehen wie auf ganze Volksschicksale. Denn es gibt – wie oben dargestellt – nicht nur das individuelle Karma der einzelnen Seele, sondern auch ein Volks- und sogar ein Menschheitskarma.

Etliche Krankheiten, die der europäische Mensch heute ausbildet, sind typische Kulturkrankheiten der westlichen Welt – nicht der östlichen. Von der Demenzerkrankung, einer ursprünglich von der Kultur Nordamerikas herstammenden Entwicklung, werden

Abertausende Menschen in Europa mit steigender Tendenz jährlich betroffen. Diese Tatsache ist vor allem darauf zurückzuführen, dass die geistige Aufgabe Europas bislang nicht ergriffen worden ist, dass kein Ausgleich zu den überwiegend ahrimanischen Impulsen hergestellt worden ist. Stattdessen orientiert sich Europa an den Auswüchsen einer Kultur, die fast ausschließlich auf die Erfassung der Welt durch die unteren Sinne gerichtet ist. So ergreift auch die europäischen Menschen die Demenzerkrankung in epidemischer Form. Und eine Epidemie oder Seuche trifft auch nie ausschließlich alte Menschen. Es ist das Kennzeichen einer solchen Menschheitsgeißel, dass so gut wie *alle* Altersklassen von ihr betroffen sein können. Neuere Untersuchungsergebnisse zeigen tatsächlich, dass Demenzerkrankungen bereits bei Dreißig- bis Vierzigjährigen auftreten und dass erste Veränderungen im Gehirngewebe, die zu den gravierenden Symptomen der Demenzerkrankung hinführen, bereits bei Menschen im frühen Erwachsenenalter diagnostiziert werden mussten.

Rudolf Steiner wies darauf hin, dass ein gesunder Moralimpuls, also eine *geistige* Entität, als Grundlage für ein gesundes Physisches, also eine *stoffliche* Entität, in Betracht kommt: «*Wer diese Dinge durchschaut, wird sich selbstverständlich darum doch nicht gegen die Versuche der modernen Medizin mit ihren äußerlichen Mitteln wenden. Aber eine wirkliche Besserung wird nie auf diesem äußeren Wege kommen. Was später auftritt, zeigt sich vorher immer schon durch die Erkenntnis der Esoterik. Sie besteht in dem richtigen Durchschauen dessen, dass man mit der Moral der Gegenwart die bessere Gesundheit in der Zukunft herbeiführen kann.»*[21]

So ist es wohl zumindest aus dieser Perspektive berechtigt und begründet, die Demenzerkrankung als eine Menschheitsseuche oder zumindest als eine Kulturkrankheit zu bezeichnen. Der Begriff Demenz – «De-Mens», «ohne Geist» – beschreibt im Grunde präzis den gegenwärtigen Zustand unserer westlichen Kultur.

Wenn schließlich eine gewisse Zeit eine solch ent-geistete, entspiritualisierte Kultur getrieben worden ist, beginnt dies, Folgen zu zeitigen: Der Geist, nämlich das Ich, als Organisator und «Straffer» der unteren Wesensglieder zieht sich langsam aus dem übrigen Wesensgliedergefüge zurück. Wenn dies eintritt, beginnt der Astralleib zu «vagabundieren».

Was das bedeutet, werden etliche Menschen, die mit einem Demenzbetroffenen leben oder Umgang pflegen, erfahren haben. Die Angehörigen und Freunde eines an Demenz erkrankten Menschen können erleben, wie sich der Betroffene in seinem Wesen verändert, und zwar so, als sei er selbst nicht mehr «Herr im eigenen Haus». Das Gefühlsleben bricht sich Bahn; manchmal brechen Äußerungen oder Regungen aus ihm hervor, die man von ihm nicht gekannt hat.

Wenn man diesen Vorgang nun wiederum menschenkundlich betrachtet, wird man feststellen, dass diese Verwandlung des Betroffenen darauf zurückgeht, dass das Ich, das höchste Wesensglied, die unteren Wesensglieder, zum Beispiel das Seelenleben, nicht mehr voll im Griff hat, weil es schwach geworden ist und sich aus dem Leib allmählich herauszieht.

Das Bewusstmachen der im Ätherleib abgelegten Erinnerungsvorstellungen, welches im Alter ohnehin vor sich geht, geschieht nun nur noch durch den Astralleib: Eine Vorstellung, die aus dem Gedächtnis hervorgeholt wird, löst ein Gefühl aus. Die eigentliche Vorstellung wird aber nun nicht mehr vom Ich bearbeitet, sondern sofort wieder vergessen. Das Gefühl aber, welches die Erinnerung ausgelöst hat, schwindet nicht sofort wieder, weil im Gegensatz zu den Erinnerungsvorstellungen die Gefühle *bleibend* sind. Der Astralleib bleibt in Tätigkeit. Darum treten nicht zum Bewusstsein gebrachte Vorstellungen beim Zurückziehen der Ich-Organisation in Form gefühlsgeladener Handlungen auf, die – da sie ja aus dem subjektiven Vorstellungsleben des Betroffenen herstammen – auf Mitmenschen teilweise irrational wirken können. Im weit fortgeschrittenen Stadium der Demenz kommt allerdings selbst das Gefühlsleben zum Erliegen, weil sich auch der Astralleib beginnt, von der restlichen Leibesorganisation abzulösen.[22]

Rudolf Steiner erläuterte, dass während des Denkvorganges im menschlichen Kopf ein Materievernichtungsprozess stattfindet, bei dem Ätherisches frei wird und sich im Zuge dessen der Mensch seiner Vorstellungen bewusst werden kann. Auch in den Sinnesorganen wird Ätherisches während des Wahrnehmungsvorganges abgesondert. Denkt man dies umgekehrt im Falle einer Störung dieses Vorgangs, wie es bei der Demenzerkrankung der Fall ist, so gilt: Ätherisches kann *nicht* abgesondert werden während der Sinneswahrnehmung, woraufhin sich der Mensch seiner Vorstellungen nicht bewusst werden kann. Dieses kann beispielsweise zum Verfolgungswahn führen, wie er bei Demenzerkrankten nicht selten auftritt, weil unbewusste Vorstellungen, die den Lebenswirklichkeiten nicht entsprechen müssen, unkontrolliert zum Ausbruch kommen.[23]

Rudolf Steiner erkannte darüber hinaus, dass bei der Sinneswahrnehmung Materie in uns abgetragen wird. Man darf sich diesen Vorgang ganz konkret vorstellen. Sobald man sich einer Sinneswahrnehmung hingibt, in deren Entstehungsprozess das Ich eingeschaltet ist, wird physische Substanz in uns abgebaut, vernichtet. Es entstehen dadurch so etwas wie «Löcher», die zu einer Art Hungergefühl führen.[24] Den durch die Materievernichtung entstandenen Hohlraum kann der Mensch durch sein Denken jedoch wieder auffüllen. Das sich Hingeben an die Sinne und die Reize der

Sinneswelt, was zum Auflösen der Stofflichkeit in uns, also zur *Materievernichtung* führt, vollzieht sich durch das Einwirken *luziferischer* Mächte. Das bloß denkerische Verarbeiten der Sinneswahrnehmungen, welches Rudolf Steiner oft auch als «totes» Denken bezeichnet, erzeugt jedoch eine *Verdichtung* im Stofflichen, ein Materialisieren und ist eine Einwirkung *Ahrimans* (so weit Rudolf Steiner).[25]

Um etwas bildhaft zu sprechen: Die Löcher, die wir durch die luziferische Einwirkung in uns hervorrufen, stopfen wir immerfort mit toten Gedanken an, welche eine Materialisierung bewirken, welches eine ahrimanische Einwirkung darstellt.

Der Mensch könnte ewig auf diese Weise existieren, wenn die Menschheit sich nicht – wie oben bereits erwähnt – in einem langsamen, aber stetigen physischen Abbauprozess befinden würde, welcher es notwendig macht, neben den «toten» Gedanken auch «lebendige», schöpferische Gedanken zu haben, damit sich das Physische des Menschen einmal vergeistigen kann, um weiterhin als Werkzeug für den Menschen nutzbar zu sein.

Um die drei erwähnten geistigen Impulse noch einmal kurz zu umreißen, kann man zunächst das Wirken Luzifers demjenigen Ahrimans gegenüber- und schließlich das erlösende Prinzip, die Christus-Wirksamkeit, dazwischenstellen:

Luzifer:	*Christus:*	*Ahriman:*
Vernichtung von Stoff	Belebung/Vergeistigung von Stoff (aus «vergeistigtem Stoff» ist die Auferstehungsleiblichkeit Christi gewoben, die am Ostermorgen dem Grab entsteigt)	Anhäufung von Stoff

Die beiden Prozesse der Materievernichtung und Materieverdichtung halten sich im Normalzustand die Waage durch die ausgleichende Kraft des Ich. Erst wenn dieses Ich nicht mehr für den Ausgleich sorgt, für ein Gleichgewicht von Nehmen und Geben, gewinnt *ein* Prinzip die Oberhand, und der gesamte Vorgang kommt zum Erliegen.

Die Veränderung des «unsichtbaren» und «sichtbaren» Menschen bei der Demenz

Es wurde im Vorhergehenden bereits festgestellt, dass die Demenz eine *ahrimanische* Erkrankung ist und auf einer Verhärtung des Ätherleibes beruht. Auch wenn man an diese Betrachtung zurückdenkt, wird plausibel, dass die Aufnahme neuer Sinneseindrücke – ein *luziferischer* Vorgang – im fortschreitenden Krankheitsverlauf kaum mehr möglich ist, bis sie ganz zum Erliegen kommt. Es entstehen folglich keine «Lücken» oder «Löcher» mehr im menschlichen Wesen, die sich füllen ließen. Das Füllmaterial indes entsteht immer weiter, denn das «tote» Denken kreist immerfort um sich selbst. Es werden aber keine «Gruben» mehr ausgehoben, in die das Füllmaterial verbracht werden könnte. Der dem ahrimanischen Prozess notwendigerweise entgegenstehende luziferische Prozess ist ausgelöscht, während aber der ahrimanische Prozess weiterläuft. Der Mensch beginnt immer wieder unbewusst, alte Sinneseindrücke mit dem Astralleib denkerisch zu verarbeiten, obgleich er sich über diese bereits Vorstellungen gebildet hatte, welche schon längst im Ätherleib als Erinnerungsvorstellungen abgelegt waren. So häuft der Mensch, wie gefangen in diesem ahrimanischen Prozess, unentwegt durch sein «totes» Denken Materie an; und dies geschieht hauptsächlich in derjenigen Region des physischen Leibes, in der das sinnliche Denken stattfindet, nämlich im Kopf. Ein Überschuss an Verhärtung, an Materialisation zerstört aber die Gehirnfunktion. Die Tendenz zur Verhärtung führt zum Absterben erst kleiner, dann immer größerer Partien des Gehirns. In diesem Falle kommt es zu einer sogenannten vaskulären Demenz infolge einer Sklerose.

Der Überschuss beziehungsweise die Verhärtung im Ätherleib, welche der Mensch durch das tote Denken in diesem Zusammenhang in sich erzeugt, kann sich im Physischen jedoch auch in einer *Auflösung* des Gehirns zeigen. Wenn dieser Zustand eintritt, ist nicht einmal das «tote» Denken mehr möglich.[26]

Man könnte denken, dass dieser Vorgang ein luziferischer Prozess sei. Aber dem ahrimanischen Wesen ist gar nicht so sehr daran gelegen, den bereits existierenden Stoff – in diesem Fall das Gehirn – zu vermaterialisieren –, die Materie des Gehirns *ist* schließlich bereits Materie. Vielmehr geht es dem ahrimanischen Wesen darum, die *geistigen* Glieder zu verhärten, also auch das Geistige des Menschen auf die stoffliche Ebene hinabzuziehen. Ahriman arbeitet also am Ätherleib des Menschen so, dass er ihn in die Verhärtung hineinbringt. Wenn aber der Ätherleib, welcher für die Belebung der Organe zuständig ist, verhärtet, dann löst sich das Physisch-Materielle des menschlichen Leibes auf. In diesem Falle handelt es sich zum Beispiel um die sogenannte neurodegenerative Demenz.

Das Absterben von Gehirnpartien ist somit nicht die Ursache für den Gedächtnis- oder Denkverlust, sondern eine Folge des vergrößerten und gleichzeitig erstarrenden Ätherleibes in der Kopfregion.

Es erscheint wie ein zynischer Handgriff des Schicksals, welches sich die westliche Welt selbst geschaffen hat: In einer Kultur, in der die Erhaltung, ja man muss sagen die Konservierung des physischen Körpers (den man mittlerweile als das menschliche Wesen an sich versteht) als das höchste Ziel gilt und in der folglich weniger das Interesse am Mitmenschen gepflegt wird, in einer Kultur, in der eher materielle Werte Vorrang vor christlich ethischen haben, strebt man dahin, den eigenen stofflichen Körper mit allen Mitteln so lange wie möglich am Leben zu halten; doch eben aufgrund dieser Haltung wird nun dieser Körper von allerlei Seuchen befallen, sodass er nun eine sehr lange Lebenszeit, vielleicht die Hälfte seines Lebens, dahinsiecht. Der Geist, den diese Kultur als inexistent erklärt hat, belebt nun tatsächlich nicht mehr den physischen Körper. Die Materie degeneriert rasant, weil sie nicht mehr vom Geist belebt wird.

Rudolf Steiner wies auch darauf hin, dass das tote Denken, welches heute vornehmlich in der westlichen Kultur herrscht, eigentlich ein etwas verfeinerter Geruchssinn ist. So wie sich im Allgemeinen der westliche Mensch heute zur Welt stellt, das heißt, er versenkt sich in die Welt aus den sogenannten unteren Sinnen heraus, benutzt er nicht seinen Gedankensinn, sondern seinen Geruchssinn: «*... das ist heute schon ein Ergebnis der äußeren Anatomie und Physiologie* [...], *dass eigentlich unser heutiges Denken in einer Metamorphose des Geruchssinns wurzelt, insofern das Denken gebunden ist an das Gehirn, also gar nicht an die höheren Sinne, sondern an eine Metamorphose des Geruchssinnes. Diese eigentümliche Art, wie wir uns im Begreifen zu der Außenwelt verhalten, die ganz verschieden ist von dem, wie sich etwa Plato zu der Außenwelt verhalten hat, das ist nicht etwa ein Ergebnis der höheren Sinne, das ist ein Ergebnis des Geruchssinnes, wenn ich mich etwas trivial ausdrücken darf. Ich möchte sagen, wir haben unsere Vollendung als*

Menschen heute nicht dadurch, dass wir die höheren Sinne ausgebildet haben, sondern eben dadurch, dass wir uns eine etwas umgestaltete, eine metamorphosierte, verfeinerte Hundeschnauze angeschafft haben. Die besondere Art, zur Außenwelt sich zu verhalten, ist eben eine ganz andere als diejenige, die einem spirituellen Zeitalter entspricht.»[27]

Man kann nun davon ausgehen, dass einem Menschen, der hauptsächlich aus seinen unteren Sinnen heraus gelebt und die Welt erfasst hat, sein entsprechend angewandtes Denken abhandenkommen muss in dem Moment, da er seinen Geruchssinn verliert. Es ist sicher nicht ein höheres Denken, das derjenige Mensch ausübt, der hauptsächlich die unteren Sinne gebraucht, aber es ist wohl ein für den westlichen Menschen heute charakteristisches, und wenn er es verliert, wird er als nicht mehr gesellschaftsfähig kategorisiert.

Neueste Forschungsergebnisse über die Alzheimerkrankheit haben ergeben, dass ein erstes Anzeichen für eine beginnende Erkrankung der Verlust des Geruchssinnes ist. Dies charakterisiert und bestätigt die Art der Sinneswahrnehmung und letztlich die aus diesem wenigstens indirekt hervorgehende Art des Denkens, die in unserer westlichen Kultur vorherrscht, als eine solche, wie sie Rudolf Steiner bereits vor über achtzig Jahren beschrieben hat.

Zweifelsfrei hätte die Belebung unseres Kulturkreises mit spirituellem Denken, wie es zum Beispiel durch den anthroposophischen Schulungsweg oder durch Vorstufen zu diesem, wie das Studium geisteswissenschaftlicher Ideen, erreicht würde, eine durchgreifende Auswirkung auch auf die Häufigkeit der Demenzerkrankungen. Denn wenn spirituell lebendiges Denken an die Stelle von sinnlichem Denken träte, würde das ätherische Gefüge des Menschen nicht verhärten, sein Leib würde nicht sklerotisieren, sondern sich vergeistigen. Ein erweitertes Verständnis von der dreigliedrigen leiblich-seelisch-geistigen Menschennatur hätte heilende Auswirkungen auf den sozialen Gesamtorganismus der Menschheit und würde gerade auf dem Gebiet der Medizin, Heilpädagogik und Krankenpflege eine grundlegende Verbesserung einleiten – bis zu dem Zeitpunkt, an dem sich «kulturbedingte», epidemische Krankheitsbilder wie das der Demenz aufgrund eines neuen Welt- und Menschenbildes zurückbilden.

«Totes» und «lebendiges» Erinnern

Nun gibt es allerdings, so wie es das «tote Denken» gibt, auch etwas wie ein «totes Erinnern». Im Gegensatz dazu steht das Vorstellungsleben. Die Umwandlung von Erinnertem in ein imaginatives Vorstellungsleben ist die Vorstufe zu einem «lebendigen Erinnern», das seinen Sitz an einem anderen Ort im menschlichen Leib hat als im Gehirn, nämlich noch unterhalb des Kehlkopfes. Im Zuge der allmählichen lebendige Erinnerung ≡ vorherige Inkarnation

Veränderung der menschlichen Wesenheit kommt die Menschheit auch dazu, geistige Organe auszubilden, die ein imaginatives Schauen ermöglichen. Dies ist besonders bei Kindern der jüngsten Generation zu beobachten, und Phänomene wie das des sogenannten «Aufmerksamkeits-Defizit-Syndroms» (ADS) können auf die nicht erkannte, jedoch natürliche Entwicklung der Menschheit in Richtung eines imaginativen Schauens hinweisen.[28]

Aber auch bei älteren Generationen können seit Beginn des zwanzigsten Jahrhunderts vereinzelt Erscheinungen auftreten, die der allmählichen Ausbildung neuer geistiger Fähigkeiten zugrunde liegen. Nur ist es eine Frage des Sich-Bewusstmachens dieser «lebendigen» Erinnerungen, ob der Mensch sie als Fundament neuer Selbsterkenntnis nutzbar machen kann oder ob er unter ihnen leidet. Ein Beispiel für eine *lebendige* Erinnerung – eine Erinnerung nämlich, die nicht durch ihr Hervorholen an Präzision verliert – ist die Erinnerung an eine vorherige Inkarnation. Die Erinnerungsqualität ist vollkommen anders als die gewöhnlichen und dass sie ungleich präziser ist, hängt damit zusammen, dass sie durch die bereits stattgefundene nachtodliche Rückschau auf die Erlebnisse der vorherigen Inkarnation und durch alle ihr folgenden Vorgänge während des Lebens zwischen Tod und neuer Geburt geläutert worden ist. Die Erinnerung ist damit frei von Vorstellungen, die von der Realität des Geschehenen abweichen. Sie ist, präzise ausgedrückt, keine Erinnerungsvorstellung, sondern eine reine Erinnerung. (Bei einer solchen lebendigen Erinnerung ist der Betreffende aus den genannten Gründen sogar in der Lage, die einstige persönliche Färbung seiner Vorstellungen von den Ereignissen des vorherigen Lebens zu erinnern bei gleichzeitigem Bewusstsein davon, dass sie tatsächlich persönlich gefärbt *waren* und wie sie sich von dem tatsächlich Geschehenen unterschieden.)

Das «lebendige» Erinnern ist eine Gabe des gegenwärtigen michaelischen Zeitalters, in dem der Mensch beginnt, geistige Organe auszubilden für das Erschauen des Christus-Wesens in ätherischer Gestalt. Im Schlaf nimmt ein großer Teil der Menschheit die Erscheinung des ätherischen Christus wahr, doch im Wachzustand oder in einem erhobenen geistigen Zustand geschieht dies (noch) relativ selten. Der *Schlaf* ist ja *unbewusstes* In-sich-Schauen; das *lebendige Erinnern* ist ein *bewusstes* In-sich-Schauen. → Meditation

Beim imaginativen oder «geistigen» Schauen, ob bewusst zum Beispiel in der Meditation oder unbewusst zum Beispiel im Schlaf, hat der Mensch eine andere Wahrnehmung von seiner Umgebung als beim sinnlichen Schauen. Das Ich erfüllt dabei die Funktion des in der Geisteswissenschaft sogenannten Hüters der Schwelle, indem es den Menschen vor einer Verwirrung schützt, die sich unweigerlich ergeben muss, wenn ihm unvorbereitet die Unterschiedlichkeit zwischen der geistigen und der sinnlichen Welt zum Bewusstsein kommt. Das Ich sorgt für eine behutsame

Konfrontation mit den geistigen Wirklichkeiten, die durch einen Blick auf die sinnliche Welt allein nicht gesehen werden können.

Nun ist aber gerade bei Menschen mit Demenzerkrankung das Ich nicht mehr in der Lage, diese Funktion des Hüters zu übernehmen. Es ist schwach gegenüber den unteren Wesensgliedern. Das Ich trennt sich immer mehr von seinen unteren Wesensgliedern, bis der Astralleib all dasjenige freigibt, was vom Ich bislang verborgen beziehungsweise unter Kontrolle gehalten wurde. Auch geht dem Menschen damit der Schutz durch den Hüter der Schwelle verloren, woraufhin er den vollkommen kontroversen Erlebnissphären von geistiger und sinnlicher Welt hilflos ausgeliefert wird. Die zunehmende Orientierungslosigkeit in Bezug auf die räumliche Umgebung bei der Demenz ist die Folge einer Orientierungslosigkeit über die Unterschiede von Raum- und Zeitbegriffen zwischen sinnlicher und geistiger Welt oder auch über den Unterschied zwischen einem «toten Erinnern» von abgelegten Sinneswahrnehmungen des aktuellen Lebens und unbewusstem, nicht durch das Ich gelenktem «lebendigen Erinnern» zum Beispiel vorheriger Inkarnationszusammenhänge.

Dieser Vorgang gehört zu dem großen Plan Ahrimans beziehungsweise noch höher stehender dunkler geistiger Mächte, welcher vorsieht, den Menschen davon abzubringen, das Christus-Wesen in der unsere Sinneswelt umgebenden und durchdringenden ätherischen Welt zu schauen und dieses Erschauen als Grundlage geistiger und leiblicher Entwicklung zu verwenden. Es ist ein wahrhaft antichristlicher Kampf gegen das allgemeine Erwachen der Menschheit zur lebendigen Erinnerung. So versucht Ahriman mit allen Mitteln, die bewusste Kontrolle über die Erinnerungsvorgänge dem Menschen zu entziehen. Dazu bedient er sich des bequemen materialistischen Denkens. Aber das materialistische Denken ist nur das Werkzeug zur Ausführung dieses ahrimanischen Planes, den Menschen nicht zu einem voll bewussten, lebendigen Erinnern kommen zu lassen, und er fügt sich auf eiskalt intelligente Art geradezu genial zu den übrigen, oben beschriebenen Prozessen, die für die Phänomene der Demenzerkrankung verantwortlich sind. Sie alle sind die Erfüllungsgehilfen im Stofflichen dieses antichristlichen Planes, der aus der geistigen Welt heraus auf die sinnliche Welt einwirkt.

Man kann nun erahnen, warum bereits die Vorform des lebendigen Erinnerns, das imaginative Vorstellungsleben – die weder sinnlichen noch begierdenerfüllten Vorstellungen –, von Ahriman verhindert wird, und zwar durch ein übersteigertes «totes» Erinnern von im Ätherleib Abgelegtem, wie es eingangs beschrieben worden ist. Dieses Stehenbleiben im Hervorholen verkrusteter Erinnerungsvorstellungen verhindert, dass neue, lebendige Prozesse aufkeimen können. (Man sollte diese Vorgänge im zwischenmenschlichen Umgang mit den Patienten sowie bei einem Wohnkonzept berücksichtigen. Einem Menschen, der neue Eindrücke kaum noch verarbeiten kann, weil er in seinem verhärtenden Ätherleib stecken bleibt, eine Umgebung zu schaffen, die seiner gewohnten weitgehend entspricht, oder gar die räumliche Situation beizubehalten, mildert nur kurzfristig oder nur scheinbar das Problem. In Wirklichkeit trägt man durch Anhäufung ausschließlich gewohnter Gegenstände oder Raumsituationen, das wiederholte Anschauen von alten Fotoalben oder Ähnlichem, nur dazu bei, den Verlauf der Verhärtung des Ätherleibes zu verstärken oder zu beschleunigen.)

Durch die Entlarvung dieses ahrimanischen Planes und Vorganges kommt man auch zu einem wenigstens anfänglichen Verständnis, wie die Demenzerkrankung entsteht. Sie wird ja schon in frühen Jahren veranlagt durch jene absteigenden Entwicklungen im sozialen Organismus, die bereits beschrieben wurden. In den westlichen Ländern, in denen die Demenzerkrankung besonders häufig auftritt, ist der Mensch immer seltener in der Lage, sich seinem fortschreitenden Alter gemäß geistig fortzuentwickeln. Zwar wird der Mensch durch die Errungenschaften der allopathischen Medizin immer älter, jedoch – ebenfalls durch diese verursacht – immer weniger weise. Es ist nicht wirklich das Problem einer vermeintlich respektlosen jungen Generation, dass sich diese nicht mehr an der älteren orientieren will. Die Haltung der jüngeren Generation gegenüber der alten ist heute im Grunde eine natürliche Reaktion auf die Tatsache, dass eine Weisheit, wie sie sich der ältere Mensch in vergangenen Zeiten erworben hatte, bei den meisten älteren Menschen der Gegenwart gar nicht mehr vorliegt. Wenn dann in späteren Jahren der Angriff auf das Ich erfolgt und eine Demenz auftritt, steht der Mensch ohne Weisheit, ohne inneres Gleichgewicht und Ruhe da, die eine *naturbedingte* Altersvergesslichkeit aufwiegen könnte.

Wohin geht der geistige Mensch bei der Demenz und wie kann man ihm helfen?

Nun steht aber das Ich nicht ohne seine höhere Lenkung da – man kann es auch als das in der geistigen Welt wohnende höhere Ich bezeichnen –, und dieses ist durchaus weise. Es will sich nämlich durch den Angriff ahrimanischer Mächte nicht beschädigen lassen und zieht sich daher immer mehr aus der physischen Organisation des Demenzkranken zurück. Für den Demenzerkrankten ist dies äußerlich gesehen ein Teufelskreis, denn wenn die Loslösung des Ich – als Folge ahrimanischer Einflüsse – einmal begonnen hat, wird sie sich mehr und mehr verstärken, nun allerdings infolge eines rettenden Eingriffs. Das Ich verabschiedet sich regelrecht von der vorliegenden Inkarnation, es geht in eine Art Schlafbewusstsein über. Doch auf Erden zurück bleibt daraufhin ein orientierungsloser Astralleib. Dieses allein wäre ungefährlich für den Menschen, wenn nicht durch die Abwesenheit des Ich die Seele und der Leib der Gefahr ausgesetzt wären, dass andere Mächte von ihnen Besitz ergreifen können.

Daher muss bei der Pflege eines an Demenz erkrankten Menschen ein anderer Mensch mit moralisch reinen Intentionen die Ich-Funktion des Erkrankten weitgehend übernehmen. Durch die «Abwesenheit» des Ich kommt es nämlich oft zu Reaktionen und Handlungen bei den Betroffenen, die an eine Kleinkind-Reaktion erinnern.[29]

Auch bei dem kleinen Kind ist das Ich noch nicht selbständig in die Lebens- und Bewusstseinsabläufe eingeschaltet. Beim Kind wird diese vorläufige und natürliche Abwesenheit der Ich-Organisation durch die Ich-Kräfte der Mutter ersetzt. Eben dieser Umsorgung bedarf auch der Demenzerkrankte, wobei zu berücksichtigen ist, dass sein Astralleib im Unterschied zum Kleinkind bereits mit allerlei Ungeläutertem, mit Trieben und Begierden angefüllt ist, die je nach Lebenswandel und karmischen Vorbedingungen heftige Probleme auslösen können. Auch hier kann der Mensch nur zu einer gewissen inneren Ruhe, zu einem annähernden Gleichgewicht gebracht werden, wenn sich die Pflegekraft vollkommen bewusst darüber ist, dass sie tatsächlich eine ordnende Ich-Kraft dem Erkrankten zur Verfügung zu stellen hat. Dies ist harte Arbeit, da die eigenen astralischen Regungen während des Umgangs mit dem Erkrankten immer kontrolliert und beherrscht werden müssen. Dies gilt auch für pflegende Angehörige oder Angehörige und Freunde, die auch nur zeitweise mit dem Erkrankten Kontakt haben. Man muss in der Anwesenheit eines Demenzerkrankten versuchen, eigene seelische Unstimmigkeiten möglichst klein zu halten und ein ruhiges, inneres Gleichgewicht in sich herzustellen. Die Pflege eines Demenzerkrankten ist somit eine wahrhaft christliche Tat, die den Ursachen der Krankheit, nämlich dem unchristlichen Element im heutigen sozialen Organismus, diametral und damit in heilsamer Weise entgegensteht.

Immer muss dabei berücksichtigt werden, dass das Gehirn nicht das eigentliche Problem der Demenzerkrankung darstellt, sondern eine Verschiebung beziehungsweise Blockierung der Aufgaben der Wesensglieder. Wollte man das Gehirn-Organ isoliert vom menschlichen Wesensgliedersystem betrachten, so wäre es, als würde man erwarten, dass der Kopf funktionierte auch im «abgeschraubten», vom Leib isolierten Zustand.

Die Funktionsübernahme des Ich durch eine andere Person sollte sich auch im Lebensumfeld widerspiegeln und in einem Wohn- und Raumprogramm für eine Wohn- oder Pflegeeinrichtung weitergeführt werden. Das Ich des Betroffenen ist meistens nicht mehr um die unteren Wesensglieder herum gebündelt, sondern ausgedehnt in weitere Regionen. Es kann aber die Sinneseindrücke nicht an den Leib weiterleiten, in ihn hineinbündeln. Man sollte daher versuchen, Räume so entstehen zu lassen, dass das Ich in eine Art Rotation gerät, das heißt, dass sich das Ich zu begrenzen lernt und wieder zu seinem Lebensort, dem Leib des Betroffenen zurückfindet, wo es für die Verarbeitung oder für die bewusste Aufnahme der Sinneseindrücke sorgen kann. Das Ich würde dann im Äther in eine ähnliche spiralförmige Bewegung eintreten wie die des sogenannten Tierkreiszeichens des Krebses.

Würde man diese Gestaltung in ein Raumprogramm überführen, würde es die Wesensglieder-Problematik der Demenzerkrankung berücksichtigen und die fortschreitende Verhärtung des Ätherleibes aufhalten helfen. Runde beziehungsweise Kreisformen, auch ineinander liegende Rundungen wie die Form eines Schneckenhauses oder Nautilus' würden diesen Vorgang der Bündelung oder des heilsamen Kreisens des Ichs und des Astralleibes um die ätherische und physische Organisation des Betroffenen unterstützen.

Ein Wohnkonzept, das die Ursachen der Erkrankung berücksichtigt und sich auf ihren damit in Zusammenhang stehenden Verlauf einzustellen vermag, müsste nach den oben angeführten Erkenntnissen in jedem Fall Folgendes beinhalten:

Es müsste eine räumliche Einrichtung mit dem Konzept des «betreuten Wohnens» eingerichtet werden, welches vorsieht, dass die Pfleger im selben Haus mit den Erkrankten wohnen. Diese Maßnahme ist nicht nur sinnvoll aufgrund des Aufwands der anfallenden Pflege im fortgeschrittenen Krankheitsstadium; sie ist vor allem deswegen notwendig, weil die Betroffenen von einem Menschen umsorgt werden müssen, der ihnen seine Ich-Kräfte zur Verfügung stellt. Man könnte sich notfalls auch ein Konzept vorstellen, das die Pfleger im Schichtwechsel zu dem Kranken kommen lässt, wodurch sich die bauliche Einrichtung natürlich komprimieren ließe. Jedoch ist dabei fragwürdig, ob sich eine solch verantwortungsvolle Aufgabe wie das Zurverfügungstellen der eigenen Ich-Funktion für einen anderen Menschen im Rhythmus eines Schichtwechsels überhaupt bewerkstelligen ließe. Der Pfleger würde dann quasi «zwei» Leben führen: eines zu Hause und eines in der Pflege-Einrichtung. In den seltensten Fällen wäre das wohl umzusetzen, ohne dass es für den Umsorgten wie auch für den Pfleger zu einer belastenden Lebenssituation käme.

Es scheint die Betreuung und Pflege von Demenzkranken ein sehr aufwendiges Unternehmen zu werden, und zwar nicht nur in Anbetracht der äußeren Umstände, wie des Betreuungsaufwandes, sondern aufgrund der geistigen und menschenkundlichen Hintergründe der Erkrankung. Es müssten Pfleger gefunden werden, die es als ihre *Lebensaufgabe*, als ihre *Schicksalsberufung* betrachten, und nicht als die vorübergehende Pflichterfüllung irgendeiner belastenden Arbeit, wenigstens einen Teil ihres Lebens kontinuierlich mit einem, zwei oder drei Demenzkranken zu verbringen. So etwas kann nur aus wirklicher Liebe geschehen, ein Opfer, das gerne und nicht von inneren Zerwürfnissen begleitet gebracht wird. Man müsste bei den Bewerbungsgesprächen dezidiert darauf achten, dass tatsächlich nur Menschen mit dieser Haltung in das Betreuten-Wohnkonzept aufgenommen werden.

Man kann schon fast von einer Ironie des Menschheitsschicksals sprechen, dass sich diese Menschheit durch das Heranzüchten eines bislang ungekannten Egoismus in einem Zeitalter, das laut Rudolf Steiner den einst für die Entwicklung notwendigen Materialismus zu einem Ende zu bringen und durch ein aktives, christlich-moralisches Geistesleben zu ersetzen hätte, die Konsequenzen ihres Verhaltens selbst geschaffen hat und nun nicht in der Lage ist, diese zu bereinigen. Denn durch das Schüren einer weitgehend egoistischen Kultur werden sich nur allzu wenige

Menschen finden, die bereit sind, ein solches Pflege-Opfer zu erbringen. Ein immenses Übergewicht an Hilfebedürftigen gegenüber den Fürsorgern ist bereits heute vorhanden. Der Egoismus der westlichen Welt erzeugte diese Epidemie. Nun ist die westliche Welt selbst betroffen von dieser Epidemie und ist aufgrund fehlender christlicher Impulse ratlos, wie das Angerichtete behoben werden kann.

Die Folge dieser Ratlosigkeit ist nicht nur das Weg-, das Abschieben der Alten – eine Paradoxie in Anbetracht der Tatsache, dass die Jungen selber möglichst lange leben wollen; wobei der Wunsch, lange zu leben, den Vorgang des damit verbundenen notwendigen Älterwerdens und seiner Folgen nicht berücksichtigt. (Man traut sich heute kaum noch, «alt» zu werden. Man wird höchstens «älter», aber auf jeden Fall bleibt man «fit».) Eine weitere Folge der Ratlosigkeit ist jedoch auch das Aufkommen egoistisch-materialistischer Ideen wie die der sogenannten Sterbehilfe, welche die Erfüllung karmischer Notwendigkeiten oder Ausgleiche verhindert und sich gleichzeitig eine besondere Menschenfreundlichkeit bescheinigt. So muss die westliche Welt unter dem Resultat ihres Gesinnungs- und Lebenswandels leiden. Sie erzog ihre Kinder zum Egoismus und muss nun damit rechnen, dass sie – wenn sie selbst erkrankt an den Folgen ihres Egoismus – von ihren Kindern nicht aufgefangen wird, weil ihre Kinder in eine Selbstverständlichkeit des Egoismus hineingewachsen sind, weil die Iche nicht gepflegt werden, weil sie schwach sind und nicht genügend Kraft für christliche Liebeopfer aufbringen können. Solche christlichen Liebeopfer bilden jedoch die einzig wirksame Hilfe im Krankheitsfalle. Und nur vor einem gewissen spirituellen Erkenntnishintergrund über die wirklichen Ursachen der Demenzerkrankung sowie über den Menschen als ein vielgliedriges Wesen sollte ein Mensch seine Ich-Kräfte einem anderen Menschen spenden.[30]

Ein Wohnkonzept, wie es auch in mancher heilpädagogischer Einrichtung anzutreffen ist, wäre daher empfehlenswert. Allerdings hätte man stets im Bewusstsein zu tragen, dass die Demenzbetroffenen an einer ahrimanischen Krankheit leiden, und nicht wie die meisten seelenpflegebedürftigen Kinder oder Erwachsenen unverbrauchte und reine Kindheitskräfte in sich tragen. Sie sind durch das Leben gezeichnete Menschen, denen an demjenigen Punkt ihres Lebens, an welchem sie die größten Ich-Kräfte ausgebildet haben müssten, ihre Ich-Kräfte gänzlich abhandengekommen sind bei gleichzeitigem Umherirren ihres durch ein langes Leben gefüllten und belasteten Astralleibes. Bei einem Menschen, dessen untere Wesensglieder, welche durch ein langes Leben mit allerlei unbewältigten Vorstellungen angereichert sind, «vagabundieren», müssen starke Ich-Kräfte eines Umsorgenden in seiner unmittelbaren Nähe anwesend sein. Daher sollte man keine Kinder, speziell keine kleinen Kinder, in ein Betreuten-Wohnprogramm von Demenzkranken integrieren – anders als bei heilpädagogischen Einrichtungen, wo sowohl die behinderten an den nicht behinderten Kindern seelisch reifen können als auch die nicht behinderten an den behinderten Kindern, da die Ich-Entwicklung nicht behinderter Kinder auf wunderbare Weise angeregt wird im Umgang mit den Seelenpflegebedürftigen.

Im Falle der Demenzerkrankten würden jedoch beiwohnende Kinder in ihrer Entwicklung belastet werden, und sie könnten auch den Erkrankten kaum eine Hilfe leisten, da ihr eigenes Ich noch nicht voll erwacht ist und sie selbst noch auf die Ich-Kräfte ihres Erziehers angewiesen sind.

Aus diesem Grunde ist es auch ratsam, keine Pfleger unter einundzwanzig Jahren aufzunehmen, aus Schutzgründen bezüglich ihrer eigenen Entwicklung und aus der Tatsache heraus, dass sie für die erforderliche Aufgabe noch nicht genügend heranreifen konnten und dementsprechend nicht genug Ich-Kräfte opfern können, ohne dabei selbst Schaden zu nehmen. Es bedarf eines lebenserfahrenen, Ich-kräftigen Menschen mit der oben beschriebenen Lebensgesinnung für ein vernünftiges Betreuungskonzept von Demenzerkrankten.

Insofern empfiehlt sich auch nicht die Integration einer Demenzeinrichtung in den bestehenden Betrieb eines gewöhnlichen Senioren-Wohnheimes. Weder den nicht betroffenen Senioren noch den Demenzerkrankten würde eine solche Lebensform zugutekommen. Es käme nur zu einer beide Seiten verwirrenden Situation.

Um die schwindenden Ich-Kräfte der Betroffenen wieder an die unteren Glieder stärker heranzuziehen und damit deren Verhärtung zu lösen, verbietet sich die Installation all derjenigen Einrichtungen und Beschäftigungs-«Therapien», die das Ich immer weiter an die Peripherie treiben und welche die unteren Glieder erstarren lassen – wie Fernseher oder Beschallung durch elektronisch erzeugte Musik. Stattdessen sollten Mittel eingesetzt werden, die das Ich wieder an den Menschen heranbringen – wie die Ausübung oder Betrachtung der plastischen Kunst, die eine Einbindung von Ich und Astralleib hervorruft, da der Astralleib aufgerufen ist, die räumlichen Gebilde zu erfassen, und das Ich, die räumlichen Wahrnehmungen zu lebendigen Vorstellungen umzuarbeiten. Der Ätherleib hingegen wäre mit seinen bildenden, schaffenden Fähigkeiten aktiv gefragt. Auch die Malerei sollte zunächst aktiv, dann passiv eine Rolle spielen. Und im noch nicht allzu weit fortgeschrittenen Stadium der Krankheit darf auch das Schauspiel gepflegt werden, welches die Bündelung der eigenen Ich-Kraft erfordert, sowohl beim Spielen selbst als auch beim Zuschauen.

Welche Perspektive bietet die Aussicht auf einen sozialen Organismus, der in naher Zukunft zu einem Viertel oder gar einem Drittel von Menschen ohne aktive Ich-Funktion bestehen könnte? Vom anthroposophischen Standpunkt aus kann darauf die Antwort gegeben werden, dass der Mensch schlecht beraten wäre, an der ohne Frage erheblichen Einwirkung ahrimanischer Kräfte zu verzweifeln. Auch wenn die Ursache der Demenzepidemie ein Resultat ahrimanisch tendierten Kulturlebens darstellt, kann sie dennoch Veranlassung für eine Spiritualisierung der Menschheit werden. So können die in einer ahrimanisch beeinflussten Kultur rar gewordenen christlichen Kräfte des Mitleids, der Geduld und der Liebe neu entfacht werden, denn es zeigt sich schon jetzt im Umgang mit den Betroffenen, dass allein diese Attribute des Pflegenden sehr wohltuende Wirkungen zeitigen – sowohl beim Erkrankten wie auch in der Seele des Pflegers. Diese moralische Gesinnung würde nicht nur auf die nachfolgende Generation einen positiven Einfluss haben und bei ihr zu einer gewissen Selbstverständlichkeit in Bezug auf die Übernahme pflegerischer Arbeiten führen, sondern auch das Aufkeimen der Krankheit selbst würde durch eine solche Lebensführung von vornherein eingeschränkt werden können. So könnte – nach dem Motto des Mephisto in Goethes «Faust» *«Ich bin ein Teil von jener Kraft, die stets das Böse will und stets das Gute schafft»*[31] – aus dem Übel ein Heilsames hervorgehen, welches die Menschheit wiederum einen Schritt weiterbringen kann auf ihrem langen und mühsamen Wege zur Gottwerdung durch die Impulse des Christus.[32]

Anmerkungen

1 Siehe Rudolf Steiner: «Wie erlangt man Erkenntnisse höherer Welten?» Rudolf Steiner Gesamtausgabe (GA) Bd. 10, 24. Aufl. Dornach 1993.

2 Das «Ich» ist nicht mit dem «Ego» zu verwechseln. Das, was man das «Ego» nennt, ist im Unterschied zum «Ich» bestrebt, die eigenen Triebe und Wünsche durchzusetzen. Es ist ganz auf sich selbst konzentriert und nicht auf die Welt und das Ich des Gegenüber. Tatsächlich ist das «Ego» unser ungeläuterter Astralleib. Über dieses Ego sollte das Ich herrschen, und nicht etwa umgekehrt das Ego über das Ich.

3 Prof. Hubert Markl, ehem. Präsident der Max-Planck-Gesellschaft, in: Der Spiegel, Jahreschronik 2000 vom 15. 12. 2000. («Der in der philosophischen und paraphilosophischen Debatte so beliebte Rekurs auf das, was ‹natürlich› oder ‹widernatürlich› sei, entbehrt allzu oft der guten Begründung. Da wird zum Beispiel argumentiert, dass ein Mensch, der nicht durch zufallsbedingte Genlotterie zu Stande gekommen ist, seine Freiheit und damit den wesentlichen Teil seiner Menschenwürde verlöre ...»)

4 Johannesevangelium, Kap. 11, 25.

5 Wäre der Mensch tatsächlich eine «zufallsbedingte Genlotterie», so wäre es nach der Statistik höchst verwunderlich, dass – so unterschiedlich die einzelnen Menschen auch sein mögen – doch stets ein recht

passables, «sinnvolles» Ergebnis herauskommt. Abgesehen davon, dass kein Zufall Milliarden von einzigartigen, kunstvoll geschaffenen oder auch etwas prosaischer ausgedrückt «funktionstüchtigen» Menschen erzeugen könnte, dürfte man dann eine solche Aussage auch nicht für glaubwürdig halten, da sie demnach das Produkt eines Zufalls darstellen muss.

6 Rudolf Steiner hat in vielen seiner Vorträge ein solch klares Bild von der unmittelbaren Beziehung zwischen dem physischen und dem geistigen Aufbau des Menschen hingestellt. Dazu gehören vor allem seine Ausführungen über die allgemeine Menschenkunde und die okkulte Physiologie sowie über die Sinneslehre. Rudolf Steiners komplexe Beiträge können nicht Gegenstand dieser Betrachtung sein. Sehr wohl sind sie aber unerlässlich für das Verständnis des Menschenwesens und für eine weitere Betrachtung der pathologischen Veränderung dieses Menschenwesens, wie sie sich zum Beispiel bei der Demenzerkrankung zeigt.

7 Bei Rudolf Steiner finden sich nur wenige Hinweise auf die unterschiedliche Art der Einschreibungen von Vorstellungen aufgrund der verschiedenen Ursprünge jener Vorstellungen. Eine der wenigen Aussagen, die in diesem Zusammenhang weiterhelfen, findet sich in GA 156, Dornach 3. Aufl. 2003, S. 116: «*Geradeso wie die Welt mit ihren Ereignissen fortwährend in unseren Ätherleib sich einschreibt, so schreiben wir auch dasjenige, was wir selbst seelisch erleben, in unseren ätherischen Leib ein.*» Hier wird differenziert zwischen zwei verschiedenen Qualitäten von Einschreibungen. – «*Wir*

wissen, dass Vorstellungen in verschiedener Weise erinnerbar sind, je nachdem sie mehr oder weniger Zeit zurückliegen. […] Jedenfalls ist das, was in einer an eine Sinneswahrnehmung angeknüpften Vorstellung gelebt hat, in den Zeitenstrom eingezogen, in dem wir selbst leben. […] Das Gedächtnis ist ebenso mit dem Ätherleib eins, wie das Vorstellungsleben mit dem Astralleib, das Sinneswahrnehmen mit dem Ich eins ist.» Siehe GA 206, Dornach 2. Aufl. 1991, S. 122.

Aus diesen Ausführungen kann sich ergeben, dass eine Vorstellung, die sich *nicht* an einer Sinneswahrnehmung gebildet hat, *keine* Berührung hatte mit dem Ich in derselben Weise wie eine Vorstellung, welche sich an einer durch das Ich gewonnenen Sinneswahrnehmung bildet – obgleich beide Vorstellungsarten durch die Tätigkeit des Astralleibes zustande kommen. Solange ein nicht vom Ich ganz ergriffener Astralleib mit dem Vorstellungsleben des Menschen verbunden bleibt, sind die Vorstellungen immer von Persönlichem gefärbt.

Wenn Erinnerungsvorstellungen gebildet werden von tatsächlich im Äußeren Geschehenem, entsprechen diese daher nie ganz genau demjenigen, was sich im äußeren Geschehen in Wirklichkeit zugetragen hat. Wenn aber Vorstellungen erinnert werden, die unabhängig von einem Sinneseindruck entstanden sind, so sind diese in der Regel noch ungenauer als die Erinnerungsvorstellungen von sinnlichen Ereignissen.

8 Siehe Rudolf Steiner: GA 115, Dornach 4. Aufl. 2001, S. 199.

9 In jeder Vorstellung ist zwar das Ich bis zu einem ge-

wissen Grade wenigstens anwesend, aber es besteht dennoch ein Unterschied zwischen einer Tätigkeit des Ich, die auch un- beziehungsweise unterbewusst ablaufen kann, und einer Tätigkeit des Ich unter der Leitung des Ich-Bewusstseins.

10 «*Wenn unwillkürliche Bewegungen [am physischen Leib eines Menschen] eintreten, ich möchte sagen, unschuldiger Art, dann kann derjenige, der überhaupt eingehen will auf solche Sachen, schon sehen, dass in einer gewissen Kategorie von unwillkürlichen Bewegungen Nachwirkungen liegen von Erlebnissen.*» GA 206, Dornach 2. Aufl. 1991, S. 124.

11 Eine solche Pflege der Rückschau durch die Bewusstseinskräfte und ihr Resultat – ein «gepflegtes» Erinnerungstableau – kann im Übrigen auch für ein leichteres Zurechtfinden in der geistigen Welt nach dem Schwellenübertritt sorgen. Unter Umständen, je nach dem Vermögen und der geistigen Arbeit des Betreffenden auf diesem Gebiet während des Erdenlebens, können sogar allzu schockierende Erlebnisse während der nachtodlichen Rückschau vermieden werden, weil sich der Mensch bereits im Erdenleben über den eigenen Standpunkt erheben konnte in Bezug auf dasjenige, was er im Tage gedacht, gefühlt und getan hat.

12 Jacques Lusseyran hat darauf hingewiesen, wie der Astralleib von seelischen Verunreinigungen oder «Verschmutzungen» allabendlich gesäubert werden kann. Siehe: Jacques Lusseyran, Ein neues Sehen der Welt. Gegen die Verschmutzung des Ich. Stuttgart 3. Aufl. 2002.

13 *«Ein deutliches Zeichen dafür, dass die Menschen heute nur mit der mechanischen Denkweise zurechtkommen, die ihre glänzendsten Triumphe im Zivilisationsleben der Gegenwart feiert, die überall nachforschen kann, ob man richtig oder nicht richtig gedacht hat – ein Zeugnis dafür ist dies, dass die Menschheit heute nur noch Vertrauen zu demjenigen Denken hat, das sich sogleich in seiner Unsinnigkeit erweist, wenn es auf anderen Gebieten als in der Mechanik an die Wirklichkeit herantreten will. Alles, das Weltgebäude und die Organismen, sollen heute mechanisch begriffen werden, weil man nur noch zum mechanischen Denken Vertrauen hat.»* GA 310, Dornach 4. Aufl. 1989, S. 11.

14 Mit mehr oder weniger starken Abweichungen von diesem Alter.

15 Mit dem Wort «verdünnt» ist selbstverständlich nicht gemeint eine etwaige materiell-stoffliche Beschaffenheit des Ätherleibes, die der Ätherleib als ein geistiges Wesensglied natürlich nicht aufweisen kann. Es ist eine sprachliche Metapher für einen rein geistigen Prozess, welcher allerdings Auswirkungen auf den physischen Leib hat.

16 Wenn es zu einer unkontrollierten Motorik bei einem Demenzkranken kommt, so kann dies daran liegen, *«dass dasjenige, was erlebt worden ist, zu stark sich im physischen Leibe abdrückt; es darf sich noch abdrücken im ätherischen Leibe, aber nicht zu stark im physischen Leibe. Wenn es sich zu stark im physischen Leibe abdrückt, dann kommt dieser physische Leib un-*

ter den Einfluss der Erinnerungen. Das darf er nicht.» GA 206, Dornach 2. Aufl. 1991, S. 124.
Dies muss unterschieden werden zu dem gewöhnlichen, *gesunden* Einprägen von Erfahrungen in den physischen Leib, die – je älter ein Mensch wird – sogar in seiner Physiognomie oder Körperhaltung abgelesen werden können: «*Man kann nicht sagen, dass der physische Leib der Träger des Gedächtnisses ist; das ist schon der Ätherleib. Aber für uns Menschen im physischen Leibe würde dasjenige, was im Ätherleib vorhanden bleibt von unserem Denken, verfließen, wie die Träume verfließen, wenn es sich nicht eingraben könnte in die physische Materie des physischen Leibes.*» GA 167, S. 31. «*Wenn wir uns im späteren Leben an irgendetwas von früher Erlebtem erinnern, so bedeutet das: Wir stoßen mit dem Astralleib, der sich dann mit dem Ätherleib vereinigt, auf das, was wie eine Einprägung, wie ein Siegelabdruck in unserem physischen Leibe geblieben ist.*» GA 159, Dornach 3. Aufl. 2005, S. 144.

17 «*Die Abfassung der abstrakten Logik des Aristoteles war der erste Merkstein dieser Entspiritualisierung des menschlichen Seelenlebens ... Geschmackssinn, Geruchssinn, Gleichgewichtssinn, Bewegungssinn, Lebenssinn, Tastsinn = okzidentalische Kultur (unterer Mensch). Und es begann nun eine Zivilisation, die sich im Wesentlichen auf diese Sinne stützte. Wenn sie das auch zunächst nicht zugibt, sie stützt sich auf diese Sinne. Denn nehmen Sie jenen Wissenschaftsgeist, der heraufkam, der überall Mathematik anwenden will.*

Mathematik kommt aber [...] aus Bewegungs- und Gleichgewichtssinn. Also selbst dasjenige, das am geistigsten vorbringt unsere moderne Wissenschaftlichkeit, das kommt vom unteren Menschen.
Gewiss, die Leute reden zum Beispiel vom Sehen oder vom Auge oder vom Sehsinn; aber für denjenigen, der die Dinge durchschaut, sind alle die Begriffe, die angewendet werden, eigentlich aus dem Tastsinn in den Sehsinn hereingeschwindelt [...] Die Leute bemerken das nicht; aber sie charakterisieren den Sehsinn, indem sie die Kategorien, die Vorstellungen, mit denen man Tastsinn begreifen kann, auf das Sehen anwenden.» GA 206, Dornach 2. Aufl. 1991, S. 34 f.

18 Es wird derzeit vorwiegend die Auffassung vertreten, dass die Menschheit schon seit jeher unter dem Phänomen der Demenzerkrankung gelitten hat, dass diese nur nicht diagnostiziert beziehungsweise als solche identifiziert wurde vor allem deswegen, weil die durchschnittliche Lebenserwartung in früheren Zeiten wesentlich geringer war. Dem kann allerdings entgegengestellt werden, dass sich die durchschnittliche Lebenserwartung der Menschheit früherer Jahrhunderte auch aus der damaligen hohen Säuglings- und Kindersterblichkeitsrate ergibt. Außerdem lässt sich über solch gravierende Fähigkeitsverluste im Alter, die sich sowohl auf der Ebene des Erinnerns wie im Sprachgebrauch oder auf dem Feld der Motorik bei der Demenz typischerweise abzeichnen, in historischen Quellen nicht viel finden. Im Gegensatz dazu war es in früheren Jahrhunderten vollkommen selbstverständ-

lich, sich Rat von den «Alten» zu holen, die aufgrund ihrer Altersweisheit ein großes gesellschaftliches Ansehen genossen, während heute bereits der äußerliche Alterungsprozess als Makel empfunden wird, dem es durch die vielfältigsten Methoden, von Fitnesstraining bis plastisch-chirurgischen Eingriffen, beizukommen gilt, um nicht von der Gesellschaft als «funktionsuntüchtig» abgestempelt und ausgegrenzt zu werden.
Hier wird die Paradoxie der materialistischen Weltauffassung in ihrer eigenen «Logik» oder Konsequenz deutlich: Da man sich ein Leben nur auf die physisch-materielle Sinneswelt begrenzt vorstellen kann, ist es heute das geradezu verzweifelt angestrebte Ziel, die physisch-materielle Hülle des Menschen möglichst lang zu konservieren. (Da man das Geistige des Menschen ableugnet, wird auch mehr und mehr die physisch-materielle Hülle des Menschen als der Mensch an sich angesehen.) Durch entsprechende Maßnahmen ist es bereits gelungen, die Lebenserwartung in den meisten «zivilisierten», vor allem westlichen Ländern gewaltig zu steigern. Nun kollidiert aber die bereits erreichte Lebensverlängerung, die aus Angst vor dem Verlassen der physisch-materiellen Welt herbeigeführt wurde, mit den natürlichen Zerfallsprozessen der physisch-materiellen Menschenhülle. Ein Leben, das zu zwei Dritteln unter dem sichtbaren Zeichen des stetigen Zerfallsprozesses steht, ist nun die für alle materialistisch denkenden Seelen bittere Konsequenz ihrer ursprünglichen Zielsetzung eines «ewigen» physisch-materiellen Lebens.

Dass der Begriff Demenz (von de-mens = ohne / fort vom Geist) erst seit dem neunzehnten Jahrhundert von Ärzten verwendet wird, zeigt, dass diese Erkrankung bis vor kurzem offenbar so selten auftrat, dass es bis dahin nicht einmal als notwendig erachtet wurde, einen Namen für sie zu finden. Erst im zwanzigsten Jahrhundert gab es die ersten ernst zu nehmenden wissenschaftlichen Forschungen über die uns heute bekannten Demenzerkrankungen.

19 Es handelt sich bei dem Zusammenhang zwischen einer bestimmten Lebenshaltung in einer vormaligen Inkarnation und einer darauf beruhenden Erkrankung im gegenwärtigen Leben zunächst um eine Disposition für eine bestimmte Erkrankung. Der Mensch ist dadurch einer Erkrankung nicht hilflos ausgeliefert, denn sie muss nicht unbedingt ausbrechen. Er kann durch die Art, wie er sein Leben gestaltet, oder durch von außen kommende andere Faktoren, die Einfluss auf seine Entwicklung nehmen, den Ausbruch einer karmischen Erkrankung auch abwenden.

20 GA 93 a, S. 73.

21 GA 93 a, S. 234.

22 Der erschreckende Begriff des «Dahin-Vegetierens» hat eine gewisse Berechtigung in diesem Stadium der Krankheit, weil vom Menschen eine Existenz geführt wird, die mehr oder weniger auf das physisch-ätherische Leben beschränkt ist.

23 Dabei handelt es sich allerdings nicht um ein Bewusstwerden von bis dahin nicht bewusst verarbeiteten Vorstellungen, sondern um ein Heraufdringen dessen, was

das nun sich zurückziehende Ich in den Tiefen des Astral- und Ätherleibes einst sozusagen unter Verschluss hielt.

24 Vgl. GA 67, Dornach 2. Aufl. 1992, S. 343.

25 Siehe GA 206, Dornach 2. Aufl. 1991, Vortrag vom 13. und 14. August 1921, z. B. S. 158. Vgl. auch GA 217, Dornach 6. Aufl. 1988, S. 47 f., und GA 83, Dornach 3. Aufl. 1981, S. 320.

26 Bei der sogenannten vaskulären Demenz ist der Verhärtungsprozess des Ätherleibes in den physischen Leib so vorgedrungen, dass es zu chronischer Arteriosklerose im Bereich des Hauptes kommt. Das Blut, welches der physische Träger des Ich ist, kann die Hauptesorganisation nicht mehr erreichen. Bei der neurodegenerativen Demenz, wie der Alzheimerkrankheit, bewirkt die Vergrößerung und Verhärtung des Ätherleibes in der Hauptesregion das Absterben von Gehirnzellen.

27 GA 206, Dornach 2. Aufl. 1991, S. 35.

28 Das von den Kindern infolge ihrer neuen Fähigkeiten Geschaute oder übersinnlich Erlebte kollidiert mit den Anschauungen, die von vielen Lehrern oder anderen Erwachsenen vertreten werden. Das Kind wird gewissermaßen gezwungen, in einer Welt zu leben, die nicht seinen Bedürfnissen entspricht. Dies führt notgedrungen zu Verhaltensanomalien. (Diese Verhältnisse liegen gewiss nicht bei allen Kindern mit einer solchen Diagnose vor. Obgleich die moderne Medizin und Verhaltensforschung immer kompliziertere und differenzierte Kategoriensysteme zur Einordnung der Kinder entwirft, scheint letztlich die Zuordnung vieler Kinder

zur Diagnose mit dem Oberbegriff ADS viel zu weit gegriffen, vor allem für all jene Kinder, die womöglich aus ganz unterschiedlichen Gründen Verhaltensstörungen zeigen oder deren Verhalten nicht den aktuellen Vorstellungen von einem adäquaten Verhalten eines Kindes entspricht. – Viele Verhaltensstörungen sind natürlich auch darauf zurückzuführen, dass die Erziehung des Menschen zur Ableugnung seines geistigen Ursprungs immer mehr um sich greift, was in der kindlichen Seele in einem kaum wieder gutzumachenden Maße schädigen kann, weil die Seele solche Erziehungsmaßnahmen mit ihren eigenen Erlebnissen und Erfahrungen nicht in Übereinstimmung bringen kann. Auch wird durch solche Maßnahmen das in die leibliche und geistige Wesensgliederorganisation sich einschalten wollende Ich eines Heranwachsenden immer wieder wie zurückgestoßen.)

29 Diese «Abwesenheit» des Ich macht sich in der unmittelbaren Umgebung der Betroffenen am schnellsten bemerkbar. Die Angehörigen haben oft den Eindruck, dass der Betroffene nicht mehr «zu Hause» ist, dass der eigentliche Mensch, den man über Jahre hinweg gekannt hat, nicht mehr bei sich ist.

30 Insofern müssten zunächst pädagogische Einrichtungen aufgebaut werden, in denen die angehenden Pfleger zumindest von Grundelementen allgemeiner und geisteswissenschaftlicher Menschenkunde erfahren müssten.

31 J. W. v. Goethe, Faust, Erster Teil, Studierzimmer.

32 *«Durch gewöhnliche irdisch-menschliche Kräfte neh-*

me ich von der Erde alles dasjenige, was die Erde mir als Mensch für mein Ich gibt. Schaue ich zu dem Mysterium von Golgatha hin, so nehme ich etwas auf, was mich hinweghebt von dieser Erde, was in mir ein Leben entzündet, das sonst nicht entzündet werden könnte: Ich nehme auf ein Übersinnliches durch meine Hinneigung zum Mysterium von Golgatha. Ich erkenne, dass die Menschheit auf eine neue Art ein übersinnliches inneres Fühlen und Erkennen haben muss, gegenüber der alten Art, wo die Menschen noch das lebendige Denken fühlten; dass der Mensch noch eine solche Erkenntnis durch das Mysterium von Golgatha erhalten kann, wodurch er erlebt sein totes Denken, das er bewusst einführt in übersinnliches Dasein, sodass er sagen kann: Nicht ich, sondern der Christus in mir macht mich in Wirklichkeit jetzt lebendig nach dem Mysterium von Golgatha.

Dass der Mensch so etwas sagen kann, dazu will gerade die moderne Initiationswissenschaft, die moderne Anthroposophie, lebendige Anregung geben. Weil wir diese Anregung selber erhalten durch die moderne Initiationswissenschaft, werden wir aus ihr hervorgehen sehen nicht ein anti-religiöses Leben, sondern ein vertieftes religiöses Leben der Menschen, indem wir bewusst abkommen von dem, was aus alten Zeiten herübergekommen ist. Aber der Mensch wird durch die geisteswissenschaftliche Erkenntnis des Mysteriums von Golgatha hinweggeführt über alle Zweifel, die heute so kräftig enthalten sind im religiösen Leben, beim Unterricht in der äußeren Wissenschaft, die uns allerdings zu freien Menschen gemacht hat, die auf der einen Seite große äußere Triumphe erlangt hat, die auf der andern Seite aber in das Herz des Menschen begreifliche Zweifel setzt in Bezug auf seinen religiösen Sinn und auf die Erkenntnis seiner übersinnlichen Wesenheit. Anthroposophie setzt sich zur Aufgabe, die stärksten Zweifel, die nur durch äußere Wissenschaft in die menschliche Seele gesetzt werden können, hinwegzufegen aus dieser menschlichen Seele und Wesenheit, weil die anthroposophische Wissenschaft gerade aus dem Geist der Wissenschaft heraus dasjenige zu überwinden hat, was die äußere Wissenschaft nicht überwinden kann. Diese anthroposophische Wissenschaft wird in die menschliche Seele wiederum wahrhaft religiöses Leben pflanzen können. Sie wird nämlich nicht beitragen können zur Ertötung des religiösen Sinnes, sondern sie kann zu der Menschheitsentwickelung das hinzufügen, dass der Mensch wiederum einen religiösen Sinn für alles erhält, dass der Mensch ein neues Verständnis des Christentums erhält durch seine Hinneigung zu dem Mysterium von Golgatha, das von allen Menschen eigentlich erst durch sie richtig verstanden und angenommen werden kann.» GA 211, Dornach 3. Aufl. 2006, S. 176.

Judith von Halle

Beiträge zum Verständnis des Christus-Ereignisses Bd. IV

2007, 188 S., m. farb. Abb., Gb., m. Lb.
ISBN 978-3-03769-006-2

Von Krankheiten und Heilungen

und von der Mysteriensprache in den Evangelien

Vom Wesen der in den Evangelien beschriebenen Krankheiten, die für die Zeitenwende charakteristisch waren, und wie diese durch Christus geheilt werden konnten. Es werden ausgewählte Redewendungen und Erzählungen der Evangelien aus ihrer gleichnishaften Niederlegung in unser Sprachverständnis übersetzt. – Weshalb unterscheiden sich die Erkrankungen der Zeitenwende von den gegenwärtigen und wo sind die Ursachen zu suchen?

Judith von Halle

Beiträge zum Verständnis des Christus-Ereignisses Bd. I

2. Auflage 2008, 72 S., Gb., m. Lb.,
ISBN 978-3-03769-002-4

Das Vaterunser

Das gesprochene Wort Gottes

Judith von Halle schildert aus ihrem authentischen Erleben heraus, wie Christus Seinen Schülern das Ur-Gebet der Menschheit übergibt.

Die okkulten Schätze dieses Gebets, die den Jüngern damals geoffenbart wurden, sind für den Menschen des Bewusstseinsseelenzeitalters durch die selbständige Erkenntnis des Übersinnlichen nach und nach heute wieder auffindbar.

Judith von Halle

Beiträge zum Verständnis des Christus-Ereignisses Bd. II

2. Auflage 2008, 140 S., 4 farb. Abb., Gb., m. Lb.
ISBN 978-3-03769-003-1

Von den Geheimnissen des Kreuzweges und des Gralsblutes

Mysterium der Verwandlung

Auch diese Ausführungen sind aus dem eigenständigen geistigen Erleben der Autorin hervorgegangen. Zum einen handelt es sich dabei um unmittelbares Miterleben der historischen Ereignisse der Zeitenwende, zum andern um geisteswissenschaftliche Erkenntnisse über Das Mysterium von Golgatha und die Bildung des Auferstehungsleibes – Das Lanzenstich-Mysterium und das Gralsblut – Der Kreuzweg und die Sieben Worte Christi am Kreuz.

Judith von Halle

Beiträge zum Verständnis des Christus-Ereignisses Bd. III

2. Auflage 2008, 108 S., Gb., m. Lb.
ISBN 978-3-03769-004-8

Das Abendmahl

Vom vorchristlichen Kultus zur Transsubstantiation

Einblick in die vielschichtigen Abläufe des letzten Abendmahls mit Bezug auf ihre okkulten Hintergründe.

Der jüdische Festeskultus der Zeitenwende und die Dreigliederung des Mahles – Pessachfest, Fußwaschung und Transsubstantiation: woran sich zeigt, wie Christus das alte geistige Erbe durch das Opfer Seiner Selbst in den neuen Bund überführt und es somit in das «erste» Abendmahl der Geschichte verwandelt.